百鬼夜談

梁文威 著

麥玲玲序

靈異故事是長青的題材，永遠引人入勝，如果是一眾名人的親身經歷，就更加刺激吸引。

但有好的內容，也要有好的「講故佬」去演繹，Ken 正正是箇中能手。

我跟 Ken 認識多年，身為資深的娛樂記者，他一向可靠及專業，難得今次他把多年來在娛樂圈中搜集回來的靈異故事結集成書，內容一定精彩，值得支持！

麥玲玲師傅

七仙羽序

阿威寫書值得看！！！

阿威寫的故事內容豐富，都是經過數年採訪了眾多大師及個人的體驗，集成一冊，所以必定精彩，好書一定要推薦給讀者。

阿威本身長期修行，日日唸經，又經常行善，彼此認識已久。他為人低調不苟言談，雖然不是白面小生，但有個美麗的太太；雖然他很少說話很少應酬，但朋友滿天下；雖然他平時好平靜，但每次做的事都令人震驚，驚天地泣鬼神！包括今次出書！他工作已經忙碌得很，又要修行又做義工，但他性格專注，把每件事都做到最好。

阿威長期探靈，個人積累了大量靈異個案，有時分享給我聽，直覺毛骨悚然不可思議。阿威話特別容易引起「鬼魂」的注意，可能「鬼魂」知道阿威會唸經找他幫助吧。

預祝阿威新book大賣，人手一本，愛不釋手👍🙏

七仙羽師傅

2023年4月10號

林國誠序

中國五術門派相當多，各有擅長的招式，可以一窺全豹，有因緣起碼都要花幾十年時間，而梁文威就有這個緣分，我相信近十幾年出現的師傅，大部分他都訪問過或者替他們編輯過稿件，可以說是玄學界的百曉生。

認識 Ken 也已經超過十五年，最初我在《東周刊》寫朝聖專欄，他已代為編輯。後來我成為星級導遊，客串帶香港第一團去不丹朝聖，他亦有隨團出發，所以我的遊歷都會和他分享。之前很多大寧波車來香港辦法會，亦會與 Ken 結伴一齊去參見，所以他對藏傳佛教的見識十分廣博。

而我是香港最願意去研究凶案的五術人。因為每一個案件都會有詳盡的資料可以果求因，去引證中國五千年來青烏之術的學理，他會主動找我一齊去堪案，而每次我都在現場為他講解我的睇法。

過去十年的《東勝》都是 Ken 替我編輯和拍視頻，所以我的心得他瞭如指掌，數年前他亦有份幫我把專欄五里山輯錄成書。

在我的玄學和宗教進程的近十多年來，他都一齊參與，我只是香港一個堪輿學上的研究者，而 Ken 他面對全港出名的名師，他能得知的知識，能匯百家，他的見聞以至靈異故事，一定無比精彩。

今日他願意結集成書，我們方有機會細讀當中的精彩個案。

新會林國誠
書於二三年仲春

黃庭桃　序

你撞過鬼嗎？你怕鬼嗎？

其實鬼的生前，不都是人嗎？你我他在死後，不都是變成鬼嗎？到底還怕甚麼？

我們也許會怕，死後的三魂七魄，不知何去何從？不知道會不會被打入十八層地獄，勾脷筋落油鑊？不肯定下一次投胎，能否還有機會做人？不懂得如何向陽間的親友報夢的話，該怎麼辦……

在荷里活動畫《玩轉極樂園》裡，借墨西哥亡靈節，帶出生死議題：人原來是會死兩次：第一次是生命的結束，第二次是完全被在世的人所遺忘。

每個靈異故事，或多或少，都關於遺忘。

或是無緣出生的嬰靈，心生怨恨，不忿被媽媽忘記，於是纏繞作祟……

或是亡靈被困在某客死異鄉之地、某被謀害之處、某戀棧的酒店房，總是逃不出那個空間，求救無門，隨年月漸被遺忘，沒人超度……

或是父母離世多年，後人已忘記拜山或附薦，香都無炷，茶都無杯，墳頭長年亂草叢生，亡靈逼不得已，託夢申訴……

這本書，是作者梁文威多年來，採訪不少娛樂圈名人的靈異經歷，真人真事，要幾猛有幾猛，如今結集成書，讓大家窺探一下死後世界的神秘面紗。

在生死的兩岸，開遍彼岸花，相傳是黃泉路上唯一的風景。與其在死後變鬼，為時已晚之時，才追悔生前的種種遺憾，繼而鬧鬼，何不趁仍然在世，珍惜所有，活在當下，擁抱愛，傳播愛，好讓自己將來能含笑一路好走，無負此生幕幕風景。

《東周刊》副社長黃庭桄

自序

為甚麼我要出書講真人真事鬼古？

契機是我重讀了村上春樹的《地下鐵事件》。

作為讀歷史的人，我總傾向相信未經修飾、沒有太多更動、直接記錄下來的資料，而我亦從來相信，鬼故事也是一種歷史記錄，而且歷久不衰。

每一個人的經歷，都是獨一無二的，就算當中有些情節可能頗為類似，但在當事人心中，卻肯定是無法磨滅的記憶。

幾年來，我訪問、聆聽了過百人講鬼古，寫了幾百個鬼故事，可以肯定的是，真人真事的撞鬼經歷，未必會很恐怖，很多情況更是片言隻語便已講完，對不在現場的人來說，更是難於感同身受。

不過，就是這種絕對真實的經歷，才可以讓人細思極恐，當你設身處地的時候，可能只是簡簡單單的一個回眸、閃過眼前的黑影、風吹草動的一剎那、不知從何傳來的怪聲，就已經夠你驚一世。

親身感受，總有另一種滋味，真正的撞鬼親身經歷，都是細碎而凌亂，也許只是零點零零幾秒之間的事，就夠人銘記一生。

又為何是一百個故事呢？

這源於日本傳說《百物語》，相傳講夠一百個鬼古，就會有怪事發生，所以我想試一試，最後暫時沒有任何相關的靈異事發生。

只是，這本書其實不止一百個鬼古，我也寫了不止一百個。

講鬼古、出鬼古書，也常會被人問信不信鬼？有無見過鬼？

答案是信、也見過，經歷請見本書第一個故事，而且不是唯一一次。

還有最多人問的是，不斷接觸這方面的事，你唔驚咩？

以下是有關講鬼古的一個親身經歷。

兩年前的一個午後，我在公司拍完鬼古片之後，送幾位嘉賓離開，搭電梯時，有一位女星問我，聽了這麼多鬼古，你不害怕嗎？我當時想也不想，就回答「其實也習慣了，不驚」。

就在這一刻，我突然感到心寒了一下，自知是「講錯嘢」，也有點心知不妙。

送完女星離開，我一個人走回影樓，經過一條近乎完全漆黑的長走廊，突然在我的左耳邊，響起一把女性的溫柔聲音，直接在我的耳邊說：「你真係唔驚？我嚟搵你好唔好？」

任何人聽到，應該都會嚇一跳。

繼而我在心中、口中，同時唸出一句藏傳佛教的大白傘蓋佛母咒。

此後，還是有很多人問我聽這麼多鬼古驚唔驚？我的答案都是「驚」。

這也是我希望所有本書讀者都有的讀後感。

梁文威

梁文威

新娘潭鬼影迷陣

以下是我的一次親身經歷，發生地點是大埔新娘潭近烏蛟騰，時間是二十多年前的一個下午，正值農曆七月的某一日。當年我在一間雜誌社當記者，專負責找美少女影靚相及寫訪問，那天我約了一位美少女到新娘潭拍攝，想不到竟在日光日白的情況下，遇上令我畢生難忘的一件靈異事。

潭中拍攝

當日大約中午十二時左右，我們一行人大約七人到達新娘潭，把車泊在一間士多的露天停車場後，就行山路進入一處樹林，經過幾個轉折位和下坡路後，就到了一個瀑布水潭，該處位於新娘潭的上游，水潭範圍約有一個標準泳池大，不過並不算深，最深處也不及腰，而我們拍攝的位置，水大約去到小腿位置，環境十分清幽舒服，只是圍繞着水潭的樹木較高，所以陽光較為陰暗，而水潭範圍卻是完全露天的，當天陽光普照，溫度近乎熾熱，就算是落水拍攝也完全不會覺得凍，拍出來的照片甚至有點身在日本樹林中的陽光感覺。

林中白影

拍攝過程十分順利，直至大約下午三時左右，攝影師想拍一些天空降雨的效果，所以就要找人行上停車場，取一條大水喉和一個水泵，以製造下雨的場景。由於當時所有人都正在忙碌，所以我就自告奮勇，準備獨自走回停車場拿取。從水潭走回停車場，首先就要爬一段非常斜的樓梯，高度超過一個人的身高，當我站在水潭邊時，無法看到上面的環境，我急步向上爬，就在我探頭見到上面山路的時候，就見到一個震撼的畫面。

由於水潭邊全是大樹，所以只要一離開水潭範圍，陽光就無法直射，雖然未至於黑暗，但肯定是灰暗的環境。當我一探頭望到潭邊的環境時，就見到眼前一條筆直的泥路兩旁，站滿了白色長袍的靈體，第一眼看似全部都沒有頭，再仔細看就覺得應該是全部垂下頭望着地下，再望多一望，就發覺自己不是眼花，眼前確實出現了兩排如幻影般的白影，每邊大約有十多個，簡直就如「迎賓」一樣。

就在我嚇到目定口呆，完全不懂如何反應的那零點零幾秒時間中，那些白影似是知道有人出現，竟然全部慢慢向後淡出，也似是有一道力量，令「他們」在身後被扯走，所有白影瞬間全部消失。

香腳滿布

當時我只有上半身伸出路邊，下半身仍然站在潭邊的樓梯上，要說繼續向前走，我確實沒有這樣的膽量，因為必定要經過剛才見到的兩排白影，想了一會，我就回頭走落潭邊，對攝影助手說我忘記如何行回停車場，請他去取東西，當時攝影助手應該也沒有想到甚麼，一支箭般跑了去。說真的，走回停車場的路只有一條，根本沒可能迷路，他亦在五分鐘不到之後回來。

問題是，當我繼續站在潭邊跟進拍攝時，開始發現樹林附近有些白影在飛來飛去、閃出閃入，而我肯定那些不是任何飛鳥昆蟲，只覺得那些白影在潭邊觀看我們拍攝。深感不妥之下，我就提出當時的環境不夠好，不如趁有陽光再去另一個場地拍攝。

大隊離開時經過同一條路，幸好當然完全沒有異樣，我一直垂下頭向前行，竟發現原來剛才兩排白影的前面，整整齊齊地插滿了「香腳」在地上，亦即那兩排白色靈體身前曾經插滿了香。

後來我再細想，當日的我因為陽光猛烈，戴了一頂黑色帽，而此後我也再沒有戴過黑色帽了。

麥玲玲 睇風水入咗間猛鬼屋

香港人最喜歡聽、看、講的其中一種鬼古，就是關於凶宅、鬼屋或家中鬧鬼的事，皆因這些都與我們的日常生活最貼身。除了地產經紀最容易在工作期間遇到靈異事件外，玄學家睇風水，也不時會撞到靈界事物。威師兄今次就請來麥玲玲師傅，講述一些她這麼多年來，睇風水時遇過的奇怪事件。

跟師傅上門

麥玲玲師傅回憶，早年她跟師傅學習睇風水的時候，曾經和幾位師兄一齊遇上靈異事件。

「當時我還是學生，但師傅常常會帶我和幾位師兄，一同出去替客人睇風水累積經驗。記得一次是去香港某老牌大型高檔豪宅屋苑睇風水，師傅睇完一切正常，教了客人應該如何擺設之後，我們一行人就離開了。到了當天晚上大約十一點左右，師傅突然收到客人的電話，稱發生大問題，情況十分古怪，問師傅可否回去看一看。」

「當時師傅叫了我和幾位師兄，半夜三更去客人屋企幫手。那知去到門口，幾位師兄都只是站在門口，無人願意行入屋，原來他們在門外，聽到單位內的客人在大叫大鬧，但講說話的聲音和語氣，與平日完全不同。其中一位師兄更臉青青口震震地說，客人把聲完全變了！所以現場無一人敢入去，更想推我這個小師妹入屋視察！」

後來發現，原來屋主早年流產，所以引來嬰靈附身，最後做一些儀式請走才能解決。

睇凶宅見水凶

麥玲玲師傅稱，早年不時也會上真正發生過凶案的凶宅睇風水，皆因不少人其實都有興趣投資，所以會請她去視察環境，但她就從來沒有在凶宅中遇上靈異事件，但就分享了一件多年前客人的經歷。

「很記得當時是去香港仔睇個單位，其實一切正常沒有甚麼大問題，但屋主就說這間屋常常有奇怪的事情發生，每晚當屋主收工回家的時候，都會在門口位置出現一凶水，而且每晚都出現，但無論如何查究，都沒法找出水的來源，後來屋主更發現那是鹹水，究竟水從何而來？原來屋主的親人是出海打漁的漁民，估計是從海上引來了水鬼，所以家中常常出現鹹水凶，最後就請了法科師傅解決。」

麥玲玲師傅又說，多年來出埠工作住過很多酒店，在日本、東南亞不少鬧鬼酒店都住過，但亦未遇上甚麼怪事。「雲頂我直頭住尾房，因為怕嘈，而且我甚麼都捱得，就是捱不得眼瞓，住尾房夠靜，不知幾好瞓。」

七仙羽
澳門荷官拜陰神踏不歸路

七仙羽師傅近年人氣非常強勁，受歡迎程度絕對一時無兩，廣告一個接一個，單單是娛樂事業已經讓她做到不停手。不過，大家千萬不要忘記，七師傅是一位玄學家，更會為客人捉鬼除妖，以下就是一個她親述的靈異故事。

荷官拜陰神

這是一個發生在澳門賭場荷官身上的故事，這位客人雖然會找七仙羽算命，但並不是常常見面，後來更有幾年沒有聯絡。

「直到有一次，他再來找我時，說自己撞了邪，想找我幫他解決問題。這位客人是在澳門做疊馬仔和荷官的，有一段時間很難搵客，生意很難做，所以他就搵朋友幫手，最後去東南亞拜陰神求財，再請陰神到澳門，總之就是為了求急財、偏財和大財。因為他要養家又要交租，雖說知道拜陰神是不好的，但實在沒有辦法，而且他眼見其他同事也拜陰神，個個撈到風生水起，所以他就去試一試。」

但他的拜法十分「獨創」，竟然花了幾萬元，透過網站從泰國購買了一個骷髏頭。「他說那個骷髏骨是真人的，其實我不太相信，那有可能就這樣買到真的頭骨？之後他也聽人說，竟然每一日都用血來供養，不過不是用自己的血，而是用動物的血，也每天點煙給陰神享用。」

做我男朋友

就在他這樣供奉陰神一段日子後，有一晚他夢見這位陰帳，在夢中問他是不是很想要錢，並開出一個條件，大家互相交換，如果他答應條件就可以幫他搵錢。

「這個男事主竟然答應了，更說甚麼條件也可以，總之搵到錢就可以。陰神就說很喜歡這位男事主，很多世之前曾經和男事主有緣，要他做男朋友，這位男事主答應了，但並沒有做過任何儀式，只是在夢中答應。」

之後一段時間，他真的搵到很多錢，但同一時間，他竟然開始喜歡男人，性向竟然轉變了。「他本來是直的，喜歡女人，但那段時間他一見到女人就會反胃不喜歡，卻很鍾意男人，總之見到男人就覺得很吸引，後來甚至會主動去跟對方做朋友，並做出親密的行為。」

就連他自己都不明白為甚麼會變成這樣，就好像撞邪一樣，找了很多不同的男性回家一夜情，有時甚至會去鴨店。

染上愛滋病

這樣過了一段時間，慢慢他的生意就開始變差，甚至一單生意都沒有，身體亦開始出問題，他去睇醫生驗血發現染上了愛滋病，醫生更說最多只得一、兩年命。

「於是他就來找我幫手，我一查之下，發現他拜的那位陰神來攞命，皆因他答應了要當陰神的男朋友。其實這個陰神背後還有一個師傅操控，這位師傅用這個陰神做了一些法事，用完了就不再要這個骷髏骨，所以就拿出來在網上拍賣。其實很多時一些師傅會在做完法事後，賣走不要的法器佛牌，所以這些東西絕對不可以在網上亂買。」

七仙羽師傅後來用各種方法幫他化解，但最後這位男客人仍然有自殺傾向。

七仙羽
旅行撞鬼原來有特別原因

七仙羽師傅常常為客人解決各種靈異問題和奇難雜症，當然也曾經遇上不少靈異事件，最常出現的情況，就是有客人出外旅行時撞鬼，最後甚至把靈體帶回家，七師傅認為，背後是有特別原因的。

酒店撞鬼

根據七師傅的經驗，很多時有人撞鬼，都與身在異地有關，一直留在香港可能無事，但一去旅行就會出事。不少人會認為，這是去旅行惹上靈體，但真相可能是，靈體一直跟着這個人，直到他離開香港去了外地，靈體才有機會現身搞鬼搞馬。

七師傅曾經遇上這樣一個例子，有個女子在家中有拜開神，平日會佩戴各種佛牌，一直以來相安無事。直至一次她去旅行，幾天內住在同一間酒店，在酒店房中常常感到廁所發出怪聲，並聽到腳步聲、開關門聲等，總之就是感覺古古怪怪，甚至會感到有一個冰凍的人，從後抱着她，嚇得她即時唸經，當晚更不敢留在酒店房睡，要在大堂坐過夜。如此這般經歷了一個不愉快的假期。

靈體跟身

回到香港後，她就找七仙羽師傅問事，經過推算後，發現原來這個靈體，其實一直跟着她，想找機會埋身，只是平時在香港，她的運勢和氣場正旺，實在沒有辦法，但去了外地旅遊時，可能是因為舟居勞動而令身體和精神比較差，所以就讓這個靈體找到出手的機會。

最重要的是，當她出去旅行的時候，原本常戴在身上的佛牌，竟然沒有隨身佩戴，於是靈體就乘機騷擾，回到香港後，即使她的氣場和佩戴佛牌的習慣又回復，但靈體已經找到埋身的空隙，所以她仍然不斷感到靈體在身邊出現，最後要由七師傅做儀式驅邪解決才可。

林國誠
龍尾村及荃灣工廈凶宅睇風水

你有去過凶宅嗎？

雖說香港哪個地方沒死過人？哪個地方沒有凶宅？但真真正正去過凶宅或附近參觀、研究地型、視察風水環境的人，卻沒有多少個，因為絕大部分人對凶宅都避之則吉，別說租或買、入住或投資，可能就連在門外行過也不太願意，更別說是一些曾經發生過嚴重案件的地方，例如龍尾村凶宅，這處與震驚香港社會的兇殺碎屍案相關的現場。

不過，世間上還是有人為了研究風水學說，以大無畏的精神親身到這些地方現場研究，了解為甚麼這個地方會發生不幸事件？與風水學理有甚麼關係之處？是甚麼飛星流年、凶煞惡星引發事件？

龍尾村肢解案

林國誠師傅正是這樣的人，幾年前他就已經到過觀龍樓凶宅、荃灣石棺藏屍案工廈等地方研究風水，這次就到了大埔龍尾村。出發之前，總認為這個地方必定會是怨氣衝天，始終當中發生的事非常駭人聽聞，單是想起「青紅蘿蔔湯」已經讓人大起雞皮，只是當我跟隨林師傅到現場時，卻得到完全不同的感覺。

我們在下午約四時半左右到達，林師傅即上前量度該單位的方向。現場剛剛解封，已經沒有任何人員在門外看守，門外則擺放了一些花牌和鮮花，氣氛或許仍有一點詭異，但在春日暖陽之下，並未有太強烈的恐怖感覺。其實現場本就距離該村的祠堂和骨灰位只有十多米，約四間屋的距離，再遠一點五十米外，就是一個原居民的巨型祖墳，居住在這條村的居民，相信本來就已習慣生死共存。

與單純看照片或影片的不同之處是，去到現場就會知道，該單位其實位在龍尾村一個十分當旺的位置，前前後後都有大量村屋單位，門前的「路」

更是後排村屋的必經之路，採訪當日可說是人來人往，不停有人有車出出入入，附近的居民更是從容不迫的過着日常生活，林師傅研究風水期間，就有隔鄰村民帶同女兒出來踩單車玩耍，如果不是這單凶案的話，根本就是一個歡樂的家庭日畫面。

距離單位大約五分鐘步程，就是大埔最多人踩單車的單車徑，再往前一點就是大尾篤燒烤遊樂位置，十分鐘車程外為著名的慈山寺，可想而知每到假日，這個地方是如何人氣旺盛，就如採訪當日，其實就有不少單車友和遊客，專程走入龍尾村這個位置憑弔、觀看以至拍照打卡。

林師傅在視察現場後，也認為當日的所見氣氛十分平和，或許也與前一日該處剛剛舉辦完超度法事有關。不過，他亦指出該處最大的風水凶煞，就是單位的白虎方，即大門口的右前方，有一個大型的渠口，從風水學理上，正是會對單位內的年輕女性產生極壞的影響。只是林師傅也認為，真正有最大影響力的地方，始終還是女受害人本身真正居住的地方。

荃灣工廈石棺藏屍案

林國誠師傅到凶宅睇風水，其實也不是每一次都風平浪靜的。

幾年前荃灣發生了一單工廈石棺藏屍案，當時一行人到了案發工廈附近研究該處的風水，並在該工廈的對面馬路上進行拍攝工作，當林師傅正在鏡頭前、背對該工廈講解的時候，他身旁竟然無端出現一個小旋風，這個小旋風由小變大，甚至可以捲起一些碎紙和小膠袋。

我當時身在現場，親眼看着這個旋風的變化，最後甚至有近似一個成年人的高度，奇怪的是這個旋風並沒有移動，存在了大概兩分鐘就慢慢消散，而當時整條街都沒有風，拍攝過程約半個多小時，就只有這一刻出現，其他時候都無風無浪。

事後，有一位世外高人告訴我，當時確實是死者現身在林師傅身旁，皆因其靈魂當時正在附近飄浮，想找尋任何可以幫助他的人，正巧林生就在該大廈外講述有關他的事，所以就過來希望可以與林生溝通。可惜，最後都無法完成或解決任何事。

© Prosperity Horizons,WIKIMEDIA COMMONS

司徒法正
超經典真實個案 揸的士收陰司紙

這個世界無奇不有，就算是身為法科玄學師傅，在學法之前，也可能遇上各種怪事。因為拍攝《怪談》系列而在香港、澳門、東南亞各地無人不識的司徒法正師傅，之所以會學法科繼而入行，原來就是因為早年遇過的一件靈異事件。

那些年的士往事

這是很多年前的事了，司徒法正師傅笑說連他自己也忘記究竟是多久之前，那是他仍然揸的士搵食的年代。

「很多人都知道，我早年是的士司機，當年揸新界的士，即是綠的夜更。某一晚，我揸車去到粉嶺附近，也算近和合石，突然路邊有個女人出現叫車，我當然就即時停車上客，她外表非常正常，沒有任何恐怖的感覺或表情，總之就是極度正常的一個客人，唯一奇怪的，就是上車後完全沒有說出目的地。」

車行了不久，師傅就問她究竟想去甚麼地方。「問完之後，等了一會兒她都沒有回答，再問、再等了一會仍然沒有答覆，我就開始奇怪，於是從倒後鏡望向後座，竟然發現後座沒有人！當時我也有點心寒，但還是想，可能是她扮鬼扮馬嚇我，躲在椅背後，所以我就轉身伸頭再望，卻發現真的沒有人！」

神來一聲叫落車

司徒法正師傅說，當時真的嚇了一跳，因為從未遇過這樣的事。

「我也不知道為甚麼，總之就是心中突然出現一個念頭。當時架車剛剛去到粉嶺，我就在一個路口位停車，開了後座車門，繼而說了一聲『小姐，到了，你可以落車了。』等了幾秒之後我就關門開車。」

司徒師傅說，當時甚麼也見不到，但就感到有點寒意，之後開車繼續行，卻發現波棍上竟然多了一張紙。

「一望，是陰司紙來的，如假包換的一張陰司紙，只得一張，肯定是撞鬼啦！當年我還未學法，也不知應該如何做，於是就問行家，有些前輩就叫我去遠少少，落車把那張陰司紙燒了，這樣就應該無問題，於是我就照做了。幸好之後再沒有下文，但我就是因為這件事而決定去學習法科和玄學。」

司徒法正師傅說，當年完全沒有想過，這件事竟然會成為他改行成為師傅的契機。

司徒法正
尖沙咀 Hello Kitty 凶宅靈探實錄

香港是一處福地，但歷年來卻也發生過很多宗極度凶殘、恐怖兼喪盡天良的殺人案件。

有點年紀的朋友，相信都會記得發生在尖沙咀加連威老道，某一幢現已拆掉的樓宇中，一單轟動全港、與 Hello Kitty 有關的殺人碎屍命案。司徒法正師傅當年走在時代尖端，為了拍攝節目，在案件爆出後短時間內，就到過這間凶宅靈探。

陰寒之氣消失

「當日我們去拍攝時，就知道這位受害者在死前受了很多苦、很多冤屈，本來這種情況下，屋內應該有很多冤氣、會很陰寒的，但我們去到時，雖然也有一點寒意，但這種感覺只停留在樓梯和門外走廊，一進入單位，陰冷的感覺就消失，只感到一陣陣的焗熱。」

司徒師傅認為會出現這種情況，可能是因為單位內的冤氣已經消失。

「我當時也不太明白，還是繼續拍攝，並在廚房內拍到一些奇怪的閃光。我在單位內做法事嘗試招魂，卻沒有成功，因為魂魄很散。在其中一間房內，我們發現一些衣服，據說是那位受害人留下的，於是我再在這間房內做法事，卻仍然沒有辦法招到她的魂。」

司徒師傅認為，這是因為她離世時受到的痛苦太大，很希望可以自行解決，讓她的氣和魂也散了。

「也是一種因果吧，最後這些片段沒有出街，因為當時受到很多壓力，認為不應播出，拍攝時距離事件被發現只有短短一個星期。」

經過多年之後，這幢樓宇已被拆掉重建，如今已經變成一個旺地。

沈殷怡
廢村靈探惹鬼跟返屋企

近年香港年輕人興起了去廢探和靈探的活動，或許是疫情三年間難以外遊，所以很多人都會在香港找一些有靈異傳說、曾經鬧鬼的地方去「遊覽」。沈殷怡作為新晉電視台當紅女主持，曾經拍過不少「探險」節目，更因為一個行山節目而人氣急升。她曾經去過香港最出名的一個廢村鎖羅盤，甚至在拍攝過程中遇上奇怪事件。

陰氣重易撞鬼

「我不是一個會見到靈體的人，但好多人都說我比較陰、好易撞邪，以前拍攝時曾遇過一位玄學師傅，也說我是一個陰氣很重的人，我有靈修和學靈氣，就連老師們都告訴我要小心，因為我的氣場很弱。」

就在她拍攝完夜探鎖羅盤村後，這位師傅突然聯絡她，說有時間要見一見面，因為有重要的事情跟她說。「那段日子我比較忙，已經個多月沒有和師傅見面，突然說要見面是有點奇怪的，但我也沒有認真細想。」

當時節目還未出街，根本沒有人知道她曾經去過夜探鎖羅盤村。「後來回想，師傅應該是知道我遇上一些靈界事情，皆因我拍攝完畢當晚，就已感到十分頭痛，期間我也感到有一種莫名奇妙的恐懼感，原來都是真的。記得當時行到村內某個位置時，突然有一種很強烈的壓迫感，之後工作人員補拍一些鏡頭時，該位置更突然發出『嘭』一聲巨響，不似是有動物叫，也不似是有任何果實跌下來。」

這種恐怖的聲音後來連續發出多次，就連工作人員都感到害怕，繼而決定即時拉隊走人。「他們連補鏡頭都放棄，要即走，我就知道肯定有古怪。之後我一直很頭痛，就算返到屋企都一樣。我身上本來一直都有一個護身符，但都沒有用。」

靈體跟回家

拍攝一個星期後，她終於有時間去見師傅，誰知師傅一見面就問她，之前是否去了甚麼不應該去的地方，因為那刻就有兩個靈體跟着她出現，就在門口無法進入，兩個靈體都是從鎖羅盤村跟着她回家。最後師傅替她做法事清身，請兩位靈體離開，沈殷怡的頭痛才完全消退。

陳欣妍
去完大酒店撞着咸濕鬼

「大酒店」在香港人的俗語中，並不是指住人的酒店，而是辦喪禮的殯儀館。一般人如有必要到這個地方，都有不少禁忌，亦常常有人因為去大酒店而遇上靈異怪事。陳欣妍就曾經在紅磡殯儀館遇上靈異事件。

夜遊探索

「話說當時我剛剛入大學，住宿舍參加了hall tour，參加了一個去殯儀館附近夜遊探索的團，其實我個人體質有少少偏虛，行到去附近時就已經覺得不太舒服，有種涼浸浸、毛管戙的感覺，行了一會我就提前離開了。」

想不到，這才是驚嚇事件的開始。「那一晚，我回到宿舍房間睡覺，就在半夢半醒之間，突然感到有點不一樣，覺得整個房間好像靜止了，就連空氣也不流動，我甚至感覺到「roommate 的呼吸，她的肚子上下上下的動，還聽到她的鼻鼾聲。這一刻，我才發覺自己完全不能動，有點難呼吸，心知可能是『瀨野』了。」

持續低燒

當時陳欣妍只知道不停唸「喃嘸阿彌陀佛」，直到一刻突然整個人能郁動了，才即時彈起身，嚇到大叫大喊。「那一日之後，我每天下午兩點就開始發燒，每次都不會燒高過 38.5 度，只是持續低燒，但又不會太辛苦，總之就這樣燒了兩個月，媽媽帶我去看醫生，但始終沒有好轉，甚至懷疑是患上了類風濕，皆因一行就關節痛，痛到要坐輪椅。」

這時她已經搬回屋企住，某一晚，她和表姐一起睡，竟然遇上了咸濕鬼。「有一晚，我和表姐一齊瞓，突然我對眼就好似變成了另一個『人』的視線，這個『人』的視線，竟然在偷窺我的表姐，視線越來越近，最後好似透視一樣望着表姐的內衣，完全是一隻咸濕鬼！」

最後，她唯有告訴媽媽曾經去過大酒店附近，之後才遇上各種怪事，而且不斷睇醫生也無法解決，於是媽媽帶她去了一家廟，請法師幫手。「那位師傅幫我做了一場法事，說我是在大酒店附近撞上一隻男性咸濕鬼，當時睇中我所以就一直跟着我，之後見到我表姐又偷窺。」

陳欣妍說，當時入到廟就跪低做法事，最後飲了一杯符水，然後就暈倒了，一段時間之後才醒過來，然後又經過了很多儀式，幸好最後都解決了，也沒有甚麼後遺症。「後來媽媽告訴我，當時我原來嘔了一些黑色、灰色的不知名物體出來，師傅更提醒我，以後不要去探險或招惹這些東西！」

菊梓喬
山頂見到半隻馬嚇到喊

撞鬼，在一般情況下，都是十分個人的事，人氣旺盛時固然不容易遇到，就算只是兩個人，也很少會同時見到靈體。

菊梓喬就曾經和妹妹一起，在山頂遇上古怪靈體，不過只有她本人親眼見到，妹妹從頭到尾甚麼都見不到。

遊車河奇遇

「幾年前有一晚，我和妹妹兩個人出街，揸車去山頂吃飯兼遊車河，由於我不太熟路，所以就開了導航。初時一切都很順利，我們吃完飯後，大約是九時左右，就開始駕車離開。」

當時山頂附近非常大霧，菊梓喬回憶說，那時從車內往外望，最多只能見到一米多一點的距離。

「好大霧，我也很害怕，所以就開了導航，依照指示駕車，也開得非常慢，最多只有五十咪。行了不久就入了一條單程路，而且是非常窄的一條路，右邊是山，左邊是石欄，再下去就是山崖。一駛入這條路我就覺得不太對勁，所以開得特別小心、特別慢。」

只有下半身的馬

「行了約五分鐘左右，霧仍然很大，只能夠看到車前一米，這時我突然見到左邊有半隻馬出現。由於左邊是山崖，雖然我見不到太遠的情況，但我肯定那是山崖，絕不會有路的，而且我見到的是只有一隻馬的下半身，即是只有四隻腳和下半截的身體，但就見不到馬頸和馬頭，也見不到任何人坐在馬上。」

菊梓喬當即場嚇到大叫，更大聲地問坐在旁邊副駕駛座的妹妹，有沒有見到那半隻馬？

「妹妹也被我嚇了一跳，但卻說甚麼都見不到！我真的被嚇死，眼前那半隻馬還在慢慢的行，似乎是想從左邊山崖行去右邊的山，我當時第一個反應就是把車倒後駛，但又不敢開得快，只能慢慢地向後行，由於太大霧，退後了一點就再見不到那半隻馬了。停車後我嚇到喊了出來，但妹妹還是十分冷靜，皆因她從頭到尾甚麼都見不到。」

最後，菊梓喬並沒有再行同一條路，而是從另一邊離開山頂，之後幾年也沒有再駕車上山頂。

薛家燕
撞鬼會發達的鬼屋奇遇

撞鬼是否一定代表無運行？一般人通常都會認為撞鬼是因為時運低，時運低就當然代表運勢差，但你又有沒有想過，撞鬼就是時運的最低點，之後就可以步步高升，時來運轉呢？這可不是我亂說，皆因薛家燕家燕姐，就曾經在人生最低點撞鬼，事後卻能再上高峰，事業家庭皆得意。

半山豪宅鬼屋

薛家燕一九八四年結婚，後來育有兩女一子，但到九五、九六年間婚姻破裂，當時家燕姐和子女及菲傭，住在西半山某老牌豪宅二十五樓一單位。

「當時我心情十分差，甚至有想過要自殺。那間屋其實已經住了六年，一直都很平安沒有問題，但菲傭早就說過，曾經見到屋中有黑影行來行去。」

「後來有一晚，我晚上睡覺時，感覺到有個男人在睡房內，甚至會對我攬攬錫錫做一些親密舉動，最初我甚至想會否是老公回來，但第二朝卻甚麼人都不見。」

到九六年，薛家燕母子被迫遷，竟然就在此

時遇上怪事。

「當時大女只有九歲，我每日都擔心到死。搬走前某一日，就終於見到『靈體』現身。某日下午，仔女都去了上學，菲傭又去了買餸，我就坐在大廳梳化上睡着了，那知竟然就在這一刻，出現了一個臉長長的男人坐在對面，以極之憂傷的眼神望着我。」

「男人全身白色西裝，打紅色呔，左手戴了一隻金撈，坐得好有型，服裝的款式是古典型，樣貌更是十分清晰，到今時今日我仍然記得他的樣子。當時我很清楚的聽到，他說：『你走喇？咁我點算？』」

家燕姐說她當時嚇到冒冷汗，不斷問：「你係邊個？做乜喺我屋企？」誰知靈體竟然說：「我叫陸誠，住喺呢間屋幾十年啦！」一聽完她就整個人彈起，發夢竟然會這麼真實，害怕得當晚就去了姐姐家中留宿，不敢回家。

秘密搬屋行動

後來，家燕姐的姐姐和女兒，都說曾在屋內見到靈體，於是家燕姐就決定連夜搬走，且要秘密進行。

「當時有修法的高人指點，要我秘密搬屋，皆因若在家中講搬屋的話題，給靈體知道的話，可能會有不好的效果。最後我們只帶貴重物品，所有傢具全部留低，一夜之間全家人搬走。」

多年之後，事過境遷，家燕姐仍然不敢返回舊居一帶。「那間屋、那座樓是仍然存在的，每次駕車從山下馬路經過，我都會望上去，看樣子也是有人居住的。」

很多年之後，家燕姐在好奇心驅使下，曾去田土廳查業主資料，發現那間屋的上一手業主，竟然真的姓陸，但英文譯音就不是叫「陸誠」，或許業主是其家人或用了不同名字。

簡淑兒
馬拉廢屋有張靈界椅

娛樂圈中，最常發生靈異事件的，就是拍攝現場。以下是簡淑兒幾年前，在馬來西亞一個電影拍攝場地親身遇上的古怪事。

鬼網鬼屋

話說五、六年前，當時香港有一套電影《鬼網》在馬來西亞開拍，當時的香港電影圈仍然有不少成本不高、但製作認真的製作，簡淑兒是這套戲中，三段故事中其中一段的主角，所以也要去馬來西亞開工。

其中一個拍攝的重要場地，是一間廢棄多年的大屋，環境本來就已經十分恐怖。簡淑兒回憶說，當時大屋中甚至有蝙蝠的巢穴，拍攝期間不時會有蝙蝠飛過。

她一入屋，就已經感到非常不安，總之就是渾身不自在，但也說不出有甚麼不妥，但既然是開工，也顧不了那麼多，只能頂硬上準備拍攝。

自動搖搖椅

由於這個拍攝場地本來就是廢棄的，而且地方非常之大，而拍攝也只需要使用部分地方，於是工作人員就只清理好要拍攝的位置，其他地方就繼續讓其保存原狀。

到簡淑兒埋位之時，拍攝場地燈火通明，一切都十分正常，而旁邊的間房卻是烏燈黑火，而且放滿了很多雜物，因為既然沒有入鏡，所以就沒有清理，房間正中有一張搖搖櫈，離正式拍攝的位置也有一段距離。

本來簡淑兒沒有多理會，但就在拍攝期間，她竟然感到那張本來靜止不動的搖搖櫈，竟然慢慢開始搖動，就似是有一個人坐在櫈上搖動，她一回頭看，看到搖搖櫈真的正在動，但櫈上並沒有任何人。

於是她就即時詢問工作人員，那張櫈是不是自己在動？是風吹的嗎？誰知工作人員竟然臉青青地說，不要理會就可以了，就當沒有看見吧！

另一個工作員就說，是冷氣吹動的（事後證實，那個位置根本就沒有裝冷氣機，絕對不可能是被冷氣吹動），「可能是為免我害怕吧！」當日拍攝的餘下時間，她都不敢再望向那張搖搖櫈。

事後，據稱有陰陽眼的幕後人員說，其實當他們一開始拍攝後，就有一個男性靈體坐在櫈上看拍攝，直到大隊收工才消失不見，而當時已經差不多天光了。

惠英紅
北京買紅色繡花鞋遇清裝女鬼

這是惠英紅的親身靈異經歷。九十年代初，惠英紅到北京拍劇，本是旗人之後的她，能說地道北京話，所以在北京工作期間，與當地人員溝通全無障礙。

陪葬紅鞋兒

某個休息日，她與幾位朋友到古董市場閒逛，睇中一對紅色繡花鞋，當時她正在拍攝清裝劇，正好可以用來配襯戲服。當時古董店職員就明言，這對鞋是陪葬品，鞋邊更滲有小許血絲。但在戲行打滾多年的紅姐完全不害怕，更揚言又不是她害人，又不是她盜墓掘出來，怕甚麼？於是即場就付錢買了鞋帶回酒店。

嚇怕男助手

恐怖事情就在當晚發生，當她一躺下床剛剛睡着，即出現一名身穿清代服飾的女靈體，擁有極度蒼白的臉孔、鮮紅色的口唇，站在床邊不斷以京腔重複說：「把鞋子還給我！把鞋子還給我！」大驚紮醒後，她雖心知不妙，但還是不太相信，於是把那對以膠袋裝著的繡花鞋交給助手，要他明天一早帶回香港。

誰知這位神高神大的男助手，翌日一早就向紅姐叫救命，原來他當晚把鞋拿回房後上床休息，即又見到一名清裝女靈體現身，不斷以他聽不明的京腔說話，最後甚至以手去抓男助手的雙臂，令男助手臂上出現清晰血痕。

黑仔多意外

紅姐當時仍不願放棄，堅持讓助手把鞋帶回香港，卻不敢拿回家，一直放在車尾箱。後來她回港工作，該段日子頭頭碰着黑，更接二連三發生各種意外，工作事業亦是停滯不前，心知肚明是何問題的她，最後還是緊急地把這對紅色繡花鞋，送回北京古董店，事情才算是解決。

練美娟
被男靈體跟足十年

練美娟除了口才好、主持工夫了得、扮嘢搞笑傳神之外，前年更因為《大叔的愛》中演繹Carman一角，「食雞牌」演出而成為全城熱話，人氣一時無兩，成為新一代搞笑天后。不過，娟姐最為人所知的另一件事，就是她原來被一隻男鬼跟身十幾年，據說直到現在仍未解決。

師傅教路化解

話說娟姐讀大學的時候，曾在一間酒吧兼職，當時酒吧的老闆娘，找來一位師傅為酒吧睇風水，剛巧娟姐當時在場，這位師傅直言，指娟姐近期會遇上古怪事，適逢幾日後她就要參加大學迎新營，於是師傅就教她，如果要避過一劫，就要在整個迎新營期間，都戴着一副厚框眼鏡。

「當時我其實也不是太相信，而且迎新營當然是去認識新朋友，怎會戴厚框眼鏡？女仔當然貪靚，所以我並沒有戴上眼鏡。」

那知當她再返酒吧開工時，就發現那位師傅似乎受了點傷，老闆更說，因為娟姐未有跟足指示，所以師傅反而受了一劫。

男靈體跟身

「這時師傅說，有一隻男靈體跟着我，更教了我解決的方法，就是要拿着香和符，在家中貼牆行一個圈，再行落樓找一個地方把這些東西埋在一棵樹下，途中遇上任何人都不能說話、不能開聲，這樣就可以請走這位男靈體。」

可是娟姐最後卻沒有照做，原因除了害怕之外，也覺得這個做法好像很奇怪，又或者其實她心中對這位師傅有點懷疑。

娟姐坦言，之後多年運程都不太好，可能也是因為有男鬼跟着的原因吧！

羅家英 新光戲院往事

新光戲院是香港的粵劇勝地，曾幾何時許多粵劇大佬倌都在新光戲院開戲，而且每一套粵劇都必定要在新光戲院開鑼，才稱得上是頂級粵劇，更別說早年所有粵劇名伶，都必定在新光戲院擔正過，才能真真正正成為一線粵劇紅星。時至今日，新光戲院雖然無復當年，但每年仍有多套粵劇在此開鑼，更是不少年長一輩每個月都會到此一「睇」的打卡熱點。

曾經在此留過不知多少腳毛和汗水的羅家英，就道出有關新光戲院的特別往事。

必定要上香

新光戲院歷史悠久，自然與很多同類型戲院一樣，有很特殊的位置，其中之一，就是大劇院後台的最當眼位置，有一個巨型的神位，除了上層供奉了粵劇的保護神華光大帝之外，下層也有一個位置，是供奉「敬如在」的。

「我每一次來新光戲院，若果是工作原因會去後台的話，都一定會在這個神位上香，原因有兩個：第一，我是做粵劇的人，幾十年前就已經在新光戲院出出入入，可以說是從最低的做起，一路做到今時今日，所以我一定要尊重這個地方。第二，就是我在新光做戲幾十年，多少前輩老師傅，都曾經出現過在這個地方，我每一次回來，都會想起他們在那個地方、那個位置做過甚麼，和誰人說了甚麼，對我提出了甚麼教訓，真的是每一件事都歷歷在目，就如發生在昨天一樣清晰。只是現在所有人都不在了，就只有我還在這，又怎可以不上香？也算是打個招呼吧！」

敬如在的意思

所謂的敬如在，常常出現在香港的一些舊寺廟、舊樓或舊店舖，或是出現在神功戲祭壇和一些戶外拜祭儀式上，本意出自《論語．八佾》的「祭如在，祭神如神在」，意思是說，祭拜神明要出於誠心，就像神明在你的眼前一樣。敬如在也存在於儒家思想中，拜祭先人時，要把先人視作仍然在生一樣的尊敬，不能只作表面形式的拜祭。

當然，香港的俗例和靈異傳說中，通常都把「敬如在」視為該地方的四方遊魂，甚至是枉死徘徊的鬼魂，所以有些人會設一個這樣的牌位於陰暗角落，閒時上香拜祭，祈求平安。

周漢明
千真萬確真人真事鬼來電

人生在世，事事皆無常，人類永遠沒法知道，明天會否是最後一日，下一個日出會否永遠無法親眼見到，此所以我們常常被告知，要珍惜眼前的人、事、物。

師傅撞鬼

幾年前，玄學師傅周漢明曾經告訴我這樣一件靈異事件。話說多年前他與一位曾經活躍娛樂圈的女星成為朋友，其實早年是他的客人，但大家認識多年，後來也會相約一大班朋友齊齊吃飯，每當她遇上甚麼事情需要一些玄學上的意見時，都會打電話給他詢問，有時也會閒話家常，算是頗為熟絡。

「這是很多年前的事了，這位女士和我十分相熟，平日她差不多每天都會打電話給我，問我當日應否做甚麼？穿甚麼衣服行運等問題。好景不常呀，有一年她突然過身，也不知是甚麼原因，當時我也是突然接到通知，她的親友只說某某女士過身了，完全沒有原因。我當時也很愕然，皆因她的年紀也算輕，但也沒有甚麼事情可以做。」

過了一段時間，他竟然收到奇怪的電話。

「過了不久，我突然間收到一個電話，一看來電顯示竟然是那位已過身女士的電話號碼，但肯定她是已經離世了。我當時心想，會不會是打錯呢？我沒有聽，但之後曾嘗試打回去，接電話的是她的朋友，原來她正在那位女士家中，幫她執拾物件。」

他當時就追問，是否有用女士的電話打來，答案當然是沒有。

「也沒有辦法，只好收線。不久之後，我和她的這個朋友傾談，再問是不是真的沒有打給我。那個朋友稱，當時在她家中執拾，電話就放在一旁，肯定完全沒有使用過。不過當日有件事很奇怪，他們是一班人幫手執拾，竟然所有人一齊困𩞁困了半小時。」

事件無法證實甚麼，也就不了了之。

唸經迴向

「過了不久，有一日我正在唸經，就把手提電話放在地上，唸了一會後，電話響起，竟然又是那位已離世女士的電話號碼，因為我的電話設定好所有名字，一看就知是她，更要求我開Facetime。」

好奇地試一試接，那知一按通話就關掉了。

「是對方收線的，我想可能是因為我在觀音像前。也許因為她是突然離開的，可能不太能夠接受。之後又再過了一段時間還是有打電話來，持續了差不多一個月。」

直到周師傅認為這樣下去不成，於是唸了很多佛經迴向給這位朋友，差不多半年後，就再沒有接到這位女士的電話。

如果是你，又夠膽接這種電話嗎？

關嘉敏
靈探惹阿伯鬼附身

近年流行靈探，不少年輕人都會一班人或一個人，到香港各處鬧鬼或曾傳出靈異事件的地方探險、拍片甚至網上直播。關嘉敏也是如此，曾經在參加選秀節目時，拍攝各種靈探節目，甚至扮鬼拍靈異短片，更因而惹上靈界騷擾。

睡極都睡不夠

「那是我人生中最忙碌的時間，皆因同時拍攝幾個節目，既要選秀又有真人騷，拍攝時間非常不穩定，連續幾日通宵拍攝是常有的事，也使我的身體狀況十分差，時運也比較低，可能因而更容易招惹靈體。」

那段時間，關嘉敏常常都想睡覺，但那種攰不是因為睡眠不足。

「我以前曾經試過兩、三日沒睡，但也不至於一坐低就睡着，整個人精神狀態非常不穩，是前所未有的攰，感覺就算不停睡也睡不夠。那時我只要一有時間就睡，但我其實不是一個容易入睡的人，很容易被周邊的聲音弄醒，就連我自己都覺得是否有甚麼問題？這樣的情況持續了超過一個月。」

陰陽眼睇直播

「直到有一次，當時的經理人來看我綵排，之後突然叫我要拍一些半身相給他，更說是極度緊急的，一定要盡快影給她，當時我完全不知道背後原因。」

「雖然那天的衣着和化妝不太漂亮，但我也照樣拍了照給她。第二日，她就突然入了醫院，我也不以為意，以為她只是身體不適。再之後一晚，有一個陰陽眼的朋友突然找我，說睇了我的網上直播，發現我的樣子十分古怪，肯定是撞到靈界。最恐怖的是，她說我的樣子有一半變成了男人，甚至在說話的時候，有另一把男人聲重疊在一起，完全是被鬼附身的情況。」

「我當時的反應是不太相信，覺得不會這麼恐怖吧！但之後我的經理人說，原來她收到我那些半身相之後，當晚就咳到嘔血入了醫院，她問了師傅，說我們兩個人都中了招。」

阿伯鬼要結婚

最後，關嘉敏找來法科師傅幫手。

「據師傅說，原來有一個阿伯的鬼魂，長期附在我的膊頭上，更想娶我做老婆！相信是我去靈探時惹到的，除了這位伯伯鬼，更有一大群其他靈體，都想搵着數。當時很奇怪的，每次我一出門口遇上有陽光，就會感到非常不舒服，最後我也相信師傅，做法事也飲了符水。之後一段時間，也不敢再拍任何有關靈異的片，靈探也當然不會再去了。」

見過鬼怕黑，關嘉敏後來請了很多護身符，每天都佩戴在身。

殷法青
渣男司機泰國中蠱毒

這個世界無奇不有，除了靈界鬼魂之外，也有很多不同類型的奇異事，例如降頭、巫術、蠱毒之類的事物，也是無處不在，也常常有人聽到或見過這類事情。

六壬法科殷法青師傅，也曾經遇過這些古怪事，甚至曾經出手為客人解決這方面的問題，只是當中也有各種各樣的矛盾。「降頭會比較難搞，皆因鬥法輸了的話，對方還是可以跟『法』來追殺，所以我常常說，每次遇上這樣的問題絕不能認叻，一定要先問準了祖師爺，答應了才可以出手幫助。」

泰國炮兵團

殷師傅這次就分享了一個關於一位的士司機在泰國遇上麻煩事的例子。

「這單個案也很多年前了，大約二十年左右。當時有一位的士司機，和朋友齊齊包團去泰國嫖，當年就叫做『炮兵團』，總之就是去泰國尋歡買春，這回事在現今開放的社會，也不能說有甚麼對或錯，去『叫雞』也是有個人自由，沒法批評。問題是這位的士司機，除了本身有太太和小朋友之外，最麻煩的是他去泰國呃人，去騙一些少女，這樣就不成了。」

話說他們一團人去了泰國一些比較山區的落後地方，去到就追女仔，告訴她們是準備找人當女朋友，之後還會回去跟她們結婚，用這種方式去騙人，想「食免費餐」。

「他們一行人總共玩了十幾日，離開前還答應這位『女朋友』，之後會回泰國和她結婚，也約定了一個時間回去。」

肚瀉染怪病

那個女仔也很「明白事理」，在分開前就讓這位的士司機飲了一杯「茶」，飲完回港後，他當然沒有在指定時間回泰國，繼而還不再聽電話，也當然沒有準備跟對方結婚，皆因他從來沒有想過要負責任。

「過了一段時間他就開始肚痛，繼而肚瀉，瀉出來的是一些狀似啫喱的藍色東西，當中還有一粒一粒的黑色，他去醫院驗，發現是一些樹木的變型蟲，也不知是甚麼來。」

醫治一段日子後都沒有好轉，他的太太就經朋友介紹，找了殷師傅幫手。

「當時我一查就發現事件原因，因為我問事的方法，就是請祖師爺上身，祖師爺當然不會講假話，沒有秘密的講出了真相。」

當時他的太太很傷心，但她也求祖師爺出手相救，皆因他們的小孩子還很年幼，祖師爺最後也答應了。

「不過，我作為一個女人，其實是有點猶疑的，覺得這種人不應該幫，但祖師爺有指示，也只好照做。然後我就去了醫院幫他，之後他大約三、四日就康復了，可以出院。」

「還好這只是一種蠱毒，並不是降頭，所以並沒有手尾跟。」只不過，最後那位的士司機的太太還是決定跟他離婚。

敖嘉年
日本京都墓地異聞

日本作為香港人最喜歡的旅遊目的地，除了吃喝玩樂之外，近年很多人都喜歡到日本尋幽探秘，有些人去看古蹟，有些人去靈探，信奉佛教的敖嘉年，就最喜歡到日本各地的寺廟參拜參觀，只是誰也想不到，他到訪廟宇竟然也會誤入墓地，繼而親身經歷一些離奇古怪事！

入佛寺遇怪事

「話說有一次，我去日本京都旅行，當時我一個人四處參觀，由於我是佛教徒，所以每次去旅行，都會參觀和參拜各地的寺廟，去到京都這個處處是佛教寺廟的地方，當然也不例外。記得我當時的心情十分開心和興奮的，完全沒有想到任何有關靈異的事。」

然而怪事往往都在沒有預計以及掉以輕心的時候發生。

「我入了一間寺參觀，行了一陣，穿過一道山門時，突然就被眼前的景象嚇了一嚇，皆因上一刻還身處清幽平和的寺廟中，下一刻竟然滿眼滿山都是山墳，是非常多的墳墓，就似眼前三面都是大山，每一座山上都是墳墓。」

當刻，敖嘉年突如其來感覺不適，既有頭痛的感覺，又開始想打嗝，總之即時就感到不妥。

「是一種讓我感到非常疲倦的感覺，我即時開始唸頌佛經，也即回頭行原路回去，卻還是感到不適，我只好繼續不斷唸經，直到離開了該寺廟的範圍才好轉，各種不適才慢慢消退。」

幸好之後並沒有其他問題出現。敖嘉年後來詢問了一些高僧法師，他們就解釋指，一些寺廟或墳地的能量可能非常強大和沉重，「也是我個人對靈界比較敏感，靈界未必是要騷擾或有求於你，只是無意之間接觸到我，所以就會產生不適。」

「最大的影響除了是不適，也會影響一個人的情緒，有可能會讓內心的各種負能量湧現，我當時就是被這種情緒影響，感覺非常強烈。」

唸經是禮貌

這次之後，敖嘉年每當經過墳地時，都會唸頌佛經，以祈求心安理得。

「其實不是要做甚麼、積功德或幫助眾生，我只是一個普通人，純粹是懂得唸經就唸經，未必可以幫到甚麼，就當是一種禮貌的表現。」

不過，敖嘉年也提醒，唸佛經時還是應該有些忌諱，例如最好不要在牀上唸，如廁時也應避免，當然更不可能在夫妻行房時唸經。

「很多人說晚上也不應唸經，我卻認為沒有太大問題，就算是晚上在家中唸《地藏經》也可以，最重要是唸得其法，這樣諸天護法都會來保護，又何懼之有呢？」

林婷《入住請敲門》酒店靈異經歷

極受歡迎節目《入住請敲門》的靚女主持林婷，拍攝節目期間曾經入住各國的靈異猛鬼酒店，目標就是要撞鬼，當然最後都沒有在鏡頭前拍到任何真正的「鬼魂」，但原來她在入住酒店時，確實遇過靈異怪事。

馬拉酒店琴聲

「雖然是在拍攝撞鬼節目，但通常都很難捕捉到的，一般都是在晚上睡覺時，才會遇到一些古怪事。其實我從前感覺不大的，但自從拍完《入住請敲門》之後，就變得感覺強烈了。」

話說其中一次，她去馬來西亞拍攝，住進一間有很多鬧鬼傳聞的酒店，拍攝過程順利，但到晚上睡覺的時候，林婷就開始聽到非常清晰的鋼琴聲，絕對肯定是有人在彈鋼琴的聲音。

「我覺得很好奇，為甚麼這麼晚了，還有人在大聲播音樂？我第一時間就去窗邊看，那間酒店的窗是全部密封的，根本開不到，所以一定不是從樓上樓下傳來的，我甚至開門出走廊聽，完全沒有人、也沒有聲，但就是在房中不斷聽到鋼琴聲。」

見慣不怪

這種情況下，林婷一個女仔當然覺得害怕，甚至傳短訊給導演，問導演和其他工作人員，有沒有聽到很大聲的鋼琴聲，因為當時已經凌晨兩、三點，實在沒有理由。

「我真的害怕，而且琴聲還越來越大聲，之後真的不成，我就去了其他人的房間，奇怪的是，在他們的房間完全聽不到琴聲，最後我也沒有辦法，還是返回那間房睡覺。」

琴聲卻在林婷睡覺時仍然一直響起，就似是從枕頭底傳出來一樣。「沒辦法，我們去拍靈異節目，遇上這種情況不是正好嗎？我們之後也試過，明明拍好的一些片段，第二天竟然所有檔案都消失了，也試過一些東西和設備會無端端自行移位，都可說是見慣不怪了。」

周凡夫
睇風水無人房間傳怪聲

作為風水玄學家，常常會去不同地方，為不同的客人睇風水，亦即是說，有很多機會去一些外人不會到達的家居，這亦代表很容易可以遇上一些有靈異古怪事的樓宇單位。

資深女藝人

周凡夫師傅睇風水的經驗豐富，當中更有多次靈異經歷，是發生在為客人睇風水的時候。話說很多年前，某位資深女藝人請了周師傅到她的家中睇風水。

「這是很多年前的事了，這位資深藝人也已經離開人間。當時她找我到她的家居看一看，但其實她是信基督教的，不過她認為風水是風水、宗教是宗教，當中並沒有衝突，可以互相包容，所以還是找我上門。」

這位資深藝人前輩的家並沒有十分特別之處，唯獨有一間古怪的房。「那間房二十多年來都沒有改動過，所有傢俬陳設，以至當中的個人物品，全部都沒有移動過，多年如一日，皆因這是她一位已過身兒子的房間。」

空房有雜聲

「她的兒子是輕生離開的，她太過掛念兒子，所以二十多年來，都不願意移動兒子留下來的東西，真的是二十多年來，半分也沒有移動過，就當成是他仍然在屋內生活一樣，所有衫褲鞋都仍然保留。」

非常奇怪的是，當周師傅到達時，總感覺到房內有人。「當時房門是關上的，我並不知道房中有沒有人，但我除了感到有人移動外，也不斷聽到一些細微的聲音，就似有人在房內活動一樣，但那間房中並沒有任何人。」

周師傅在屋內其他地方睇風水時，房內一直發出聲音，直到他睇完其他地方，一打開這間房的門，見到當中的各種雜物，但就「一眼睇晒」，房中肯定無人的。

選擇放下

「當時我感到十分奇怪，那時其實距離她的兒子離世已經很多年了，但可能就是因為母親始終不能釋懷，所以『他』就一直存在於這個空間，沒有離開。」

周師傅當時感到，應該要讓這位資深藝人內心真的放下，所以就陪她傾談，勸她放下，否則對所有「人」都不好。

事後很多年，周師傅再遇上這位女藝人，傾談下得知她最後也是真的放下了，也把房間內的東西清理好。「記得她說，當自己真真正正放下後，才感覺到兒子是真正的離開了。」

陳嘉龍
這個世界真的有殭屍

這個世界真的有殭屍嗎？說的是中國傳統中那些「跳、跳、跳」和着清裝的殭屍。這種殭屍的形象和西方的吸血殭屍完全不同，大約在八十年代，香港娛樂圈拍攝了大量這方面題材的電影，很多人一聽到中國式殭屍，都必定想到那種身穿清朝官服，額頭上貼着符，停止呼吸就可以不被發現的殭屍。大部分人都會認為這只會出現在電影之中，但陳嘉龍師傅說，他的母親當年在四川重慶就曾經親眼見過殭屍！

十二時不出門

「我的母親當時大約是讀小學三、四年級，還住在重慶。某一日附近有人四處大叫，叫當晚所有人都不要出門，皆因會有殭屍經過，即會有道士趕屍路過。那些人一路打鑼打鼓，不斷叫人當晚十二點後，就不要打開門或走出家門。大部分人當然會選擇避開，但我母親當時就是不相信，認為一切都是科學，人死了不可能會自己行動，怎麼可能會有殭屍？於是就約了幾個同學，準備當晚一齊去睇殭屍。」

陳母和朋友都非常大膽和頑皮，除了去睇殭屍外，更準備了一個試驗的方法。「她們都不相信人死後可以自己跳，所以就齊齊躲在路邊的樹林觀看。據母親所說，她們確確實實見到一隊殭屍，有十多二十個，齊齊整整地向前跳，真的是打一下銅鑼，殭屍就向前跳一下。」

闖禍要賠錢

「母親的朋友非常多鬼主意，竟然在必經之路上綁了一條繩，大約是小腿的高度，用意就是要試一試，看這些殭屍究竟是真是假。麻煩事亦因此發生，隊伍中有些殭屍跳不過這條繩而跌倒，連累前後整排的殭屍齊齊倒在地上，這樣就大件事了！」

這種殭屍的出現，原因是當年交通不發達，四處又多意外和戰亂，很容易就有客死異鄉的情況發生，如果要把屍體運回家鄉土葬，也許就只有這個變成殭屍跳回鄉的方法。茅山法術中，確實有這種方法，但不能被擾亂，否則就不能繼續，要再起壇請法。

「最後經過多番查探，終於被人發現原來母親是其中一個成員，繼而就找到我的外公，由於事關重大，最後外公要賠錢建一個七星壇，做了三日法事，還要另外再賠一筆錢，才解決事情，讓殭屍們可以繼續回鄉。」

陳嘉龍師傅說，母親最後當然是被外公鬧了一餐，但這卻是她的親身經歷，確確實實親眼見過會跳的殭屍。

陳嘉龍
這個世界真的有狐仙

狐仙真正存在嗎？香港近年流行各種「狐仙牌」，年輕人為求人緣、姻緣、愛情等，都會購買或佩戴，很多人更是深信不疑。只是真真正正親眼見過狐仙的人，相信是鳳毛麟角，甚至乎是從來沒有吧！

陳嘉龍師傅傳承家學，在玄學方面有很深的造詣，也經歷過很多奇異事件，這次就分享一個關於其母親家族與狐仙相處的故事。

天台上的老伯伯

「這是很久以前的事，約是上世紀四十年代，當時我的外公在四川重慶市中心有一幢舊樓，有四層樓高，我媽媽當時就在這處遇上狐仙。當年她大約十一、二歲，常常會上天台玩，她每次都會遇上一個老人家在天台休息乘涼，當時她年紀小，也不覺得有甚麼問題，甚至會和老人家一齊玩和傾計。」

直到某一天，這位老人家竟然說出了一件事。

「老人家告訴我媽媽，他要搬屋了，以後可能也見不到她了。當時我母親還很天真的問：『你要搬走了嗎？那之後可以去甚麼地方找你？』當時老人家沒說甚麼，只說之後再說。」

第二日，陳母就把這件事告訴父親，亦即陳師傅的外祖父，說天台有位老人家稱要搬屋，當刻外祖父沒有太大反應。

「那知在第三日，我外公竟然開始搬屋，把所有隨身物品搬去另一間屋，即時全家搬走。」

當一切事情處理好後，陳母就問外公為甚麼要搬屋，外公才道出了一個大秘密。

保護全家免空襲

「原來我外公小時候，大約也是十、二歲時，也是天天見到天台那位老人家，這位老人家不是人，而是家中的狐仙！所以若果老人家說要搬走的話，就代表這間屋不可以繼續住下去！」

就在一家人搬走後約一個星期，侵華的日軍就轟炸重慶，把整座樓炸毀了。

狐仙原來是可以與人共同生活的，就似是陳師傅母親祖屋中的這位老人家，也是暗暗提醒他們要盡快搬走，以在保護屋中的人，讓他們可以避過空襲。相信這位狐仙其實也保佑了陳母一家很多年。

那麼香港有狐仙嗎？「香港就比較困難了，皆因實在太多人，根本沒有地方可以住。」

陳嘉龍師傅也說，他在香港從來未見過狐仙。

徐加晴
朋友撞鬼做「架兩」惹鬼入屋

農曆七月是中國人的鬼節，總讓人感到陰風陣陣，不少人更會盡量少出夜街，以免遇上靈界好兄弟。不過，總有人不聽勸，在這段日子惹上不該惹的事情。

歌手徐加晴天生擁有陰陽眼，從小就常常見到古怪靈異事，近年更轉型成為占卜及通靈人，常常與靈界友生接觸。早年她的一位朋友就因為在農曆七月出街而惹鬼跟身，更要請法科師傅處理的事件。

天生陰陽眼

「我有一個朋友，常常都出夜街，就算是農曆七月都完全不理，而且她住在村屋，大約是在馬鞍山和西貢中間的村落，附近是出名猛鬼的，當地更有一間廢校，常常會有人去靈探。」

「她每一日都必定會行經一條小路才能回

家，地方比較陰暗，她一直沒有感到有甚麼問題，直到一次她來我公司談工作，我就見到房門外有一個人在看我們，但當時肯定整個寫字樓都沒有其他人，我甚至行到房門旁看看究竟是誰，看到根本沒有人後我就轉身往回走，這時旁邊木板間的房就發出很大的敲牆聲。」

當時兩人都聽到聲響，但仍故作鎮定繼續傾公事，朋友就開始告訴她近日遇上一些怪事。

「原來她之前睡覺，已經覺得有靈體騷擾，在睡覺時感到有一個男士，很溫柔地摸她的頭髮，甚至一直摸到屁股的位置，我相信是一位對她有愛意或企圖的男性靈體。」

男鬼跟入屋

那知第二天，朋友就打電話告訴徐加晴，她當晚嘗試跟這位靈體溝通，甚至和這位男靈體連結到。

「男靈體說很喜歡她，想跟着她，我即時叫她要請這位男靈體離開，更要請法科師傅幫手。」

怎料這就讓她惹上問題。

「可能是因為我做了『架兩』，當晚我就發生了事，當我睡覺時，剛一睡下閉上眼，就感覺到有甚麼飄過，我張開眼好像看到些甚麼，突然又有東西在我眼前打橫飄過，是一個卷曲而有手手腳腳的靈體，在天花板上跑過，而且是全身黑色的，我感到不似是普通的靈體。」

突然間，這個靈體就站在她的眼前，很近的望着她。

「樣子很惡的，我就扮看不到繼續睡。第二朝我打電話給那位女性朋友，叫她要快一點處理，因為那個靈體來騷擾我，是要警告我不要多事。」

最後，朋友找了一位法科師傅處理，事件最後才算是告一段落。

徐加晴
陰陽眼見紅衣女鬼日日跳樓

世上有很多不能解釋的事，有些人天生就可以見到靈界，有些人卻是與古怪事無緣，難免總是有人信、有人不信。

有些人天生擁有陰陽眼，從小就能夠見到、感覺到一些平常人無法見到的事，就如近年已轉做通靈人，幫客戶解決靈界問題的藝人徐加晴，她從小就見慣各種鬼靈精怪的東西，但當中最印像深刻的，卻是小時候在家中遇上的紅衣女鬼！

鬼門關入口

「當我讀小學的時候，住在東涌一個單位，有師傅說那個單位剛剛是鬼門關的出入口，單位的窗口望正隧道口，那是像單車徑那種半圓形的隧道。」

「記得有一次，我和弟弟一起在家打機。當時的遊戲每到中間，就會有轉場畫面，畫面會變成黑色，我們兩個人在電視機黑畫面中，見到有一個女人『倒豎蔥』一樣從後面飛下來！」

「當時我們一齊望着電視機，一齊嚇到嘩一聲，因為真的是很大的一個人，於是我們即時跑去窗邊睇，然見到那個女人繼續『倒豎蔥』式倒吊，半天吊着在那個位置，很清楚見到她是穿着一條紅色長裙。」

當時年紀小，也沒有甚麼事可以做，所以兩姐弟就只好跑出房關上門，當甚麼也見不到就算。

重複不斷跳

「最恐怖的，是之後我們才知道，當日見到的是甚麼。幾日後，我們一家人出街飲茶，家人在樓下與管理員正和街坊說話，才知道原來早幾日，有一個女人從三十多樓跳下來，而那個女人就是穿上紅色裙。我們一聽就感覺到，那天見到的紅衣女鬼，應該就是這位街坊。」

據知後來整幢樓有夾錢，請師傅為這位女士打齋超度。

不過，最讓徐加晴難忘的，卻是之後發生的事。

「我和弟弟之後繼續在那幢樓住的時候，每隔一段時間，都會見到這位紅衣女鬼，又再一次從樓上跳下來，是不斷的重複，相信是不斷地循環，日日都在跳。」

Depp
酒店撞正倒吊女鬼

香港的玄學術數以至法科捉鬼通靈等事，向來十分流行，不少箇中高手隱伏其中，早前就有幾位「通靈師」為電視台拍攝通靈節目，因而人氣大升，更成為坊間市民求教的對象，例如Depp師傅就可以說是因為該節目而一舉成名。

紋符上身

Depp師傅在成為師傅前，早已能夠通接觸到靈界，也經歷過一段常常遇上靈體的日子，更曾因為出差到外地工作，在酒店內碰上不可思議的靈異古怪事。

話說當年他剛剛讀完書出來工作，還未知道自已會成為師傅之前，就常常為了要避開靈界的騷擾，而要搵師傅幫手。

「我一讀完書就開始去找朋友幫手，最初是找泰國師傅紋符上身，心想這樣就可以解決常常遇上靈界的問題，當時覺得泰國師傅很犀利，所以一直紋身紋到全身都是符，也因為當時不太懂處理，很害怕，想要保護自己。」

Depp師傅稱，當剛開始紋身時，保護的能力真的很好，但隨着時間推移，靈體又漸漸在身邊出現。

恐怖女鬼

「當時份工常常要自己一個人出差，去內地或其他地方都有，要自己一個人住酒店，常常會見到靈體。有一次在酒店房，我關了所有燈睡覺，突然間電視自己開着了，我當時沒有拿着遙控，電視竟然自己開，我就知道是甚麼一回事了。」

「從電視發出的那一點光，我見到右上角近門口的位置，有一個女人倒吊着，就似是電影中的吸血鬼。當時我還未學法，甚麼都不懂，只能扮冷靜、扮沒事，起身着褲着衫就離開房間。」

當時他慢慢行出房，一直感到「她」轉頭望着他，就似當了他是食物一樣。「我很平靜地行出房門，關門，很淡定的行去電梯口，落到樓下見到人即刻跑。」最後他只能在酒店大堂坐了一整夜，第二天即時換酒店。

Depp 西藏學法山中奇遇

Depp 早在參加電視節目《通靈王》之前，就已經是師傅級人馬，開壇為善信們處理各種靈界問題，他自己早年亦不斷與靈界聯繫，並因而開始學法自保。這次他就分享多年前，到西藏參見上師時，在深山中遇見的古怪事。

山頂寺院

「我從小已經見過很多靈體，後來見到一些比較普通的，都已經很鎮定，可謂見慣見熟，但這一次去西藏見到的，就真的讓我很害怕。那一次，是去西藏見師傅，這位上師的寺院位於一個山頂，從該處行落山腳去廁所也要二十分鐘。」

「上山之前，我已經準備好不要去廁所，所以沒有飲水，也沒有吃太多東西，在寺廟坐了六、七個小時，原意是希望等到離開時才下山去廁所。」只是世時通常都不會這麼如意，就在晚上九時多的時候，Depp 突然開始肚痛。

「世事就是這麼剛好，大約在九點左右，我就開始肚痛，但去廁所要行很遠距離，而且是摸黑行，要明白西藏的深山可不是香港，只要一離開上師的寺廟，就已經是伸手不見五指的漆黑，但無奈太肚痛，還是要下山去廁所。」

多臂護法

「當時就只有我一個人行樓梯下山，突然就見到一個有很多隻手的人影在遠遠的山邊，似乎正慢慢向我走過來，是真的有個黑影，慢慢地向我行過來，我當時非常緊張和驚恐，但最大的問題是真的很肚痛，再這樣下去可能我真的會『一褲都係』，於是我不顧一切一直衝下山去廁所，甚麼都不理了，最重要『解決要事』。」

幸好速度快，他最終都成功地去廁所解決問題，可是如何返上山呢？「解決後我站在山腳，是一處有燈的位置，考慮了一會究竟應如何做。當時望上山，那個黑影若隱若現，似有還無的站在山邊，因為實在太黑無法看清楚。」

最後他還是決定上山，皆因所有行李還在山上。「其實無論如何都要上山，一步一步向上行，再望清楚原來那個黑影還在，又似乎是慢慢行過來，更發現黑影好像有很多隻手，即時讓我想起佛菩薩的忿怒相，那個黑影慢慢靠近時，我就把心一橫，大聲說了一句：『有甚麼不要告訴我，有事就告訴我上師，我上師就在山上！』之後我就狂奔上山，而那個黑影也沒有再行近。」

Depp 最後成功返回上師所在的寺廟，後來他認為那個黑影，可能是上師寺廟的護法神，只是守護寺廟，並無惡意，所以一聽到他是寺廟上師的弟子，就沒有再靠近。

朱晨麗親見女鬼守門口

一個人見鬼，可能會被認為是幻覺或眼花，但若兩個或以上的人見到，那就難以用「睇錯」來解釋，只能說是集體撞鬼。朱晨麗多年前參選港姐入行，某年某月和朋友到西貢朋友家中作客時，竟然遇上一隻女鬼現身，後來更發現，原來不只她一個人見到。

三層高豪宅

話說當時朱晨麗剛剛選完港姐，就和幾位一同參選的女性朋友，去了其中一位參選佳麗的西貢家中作客。這位佳麗家中頗為富有，居住的是一幢三層高的豪宅。當日眾人在二樓吃完晚飯，就齊齊下樓到一樓大廳聊天和看電視。這時朱晨麗就見到大門口處，離奇地出現了一個女人的身影。

當晚聚會的人數不多，她十分肯定所有人都在大廳梳化附近，而且站在大門附近的女性全身白衣，若隱若現飄浮不定，甚至有點模模糊糊的感覺，所以她肯定自己撞到靈體，靈體更站在大門口旁邊，就似守門口的看更一樣。

當時朱晨麗完全不敢聲張，皆因她當時和屋主不太熟，也完全不希望那位疑似靈體的白衣女子，知道自己見到「祂」。當晚餘下的時間，她都盡力避開大門位置，幸好到最後一班人離開時，那位白衣女子已經消失不見。

朋友都見到

朱晨麗當晚和另一位女性朋友一起搭的士離開，在車上該位女性朋友竟然開口問她，剛才有沒有見到甚麼怪事。

原來這位朋友，天生就有一點靈異體質，有時可以見到靈體，早在她剛剛到達該屋的時候，就已見到屋主的膊頭上，爬着一個白衣女鬼，從屋外就已一直存在，到屋主進入屋內後，這位女靈體就站在門口附近，並沒有進入大廳。

這時朱晨麗才知道，原來並不只有她一個人見到，這位朋友甚至見得比她更多更恐怖。不過，事後朱晨麗和其他朋友，都沒有告訴屋主她們見到的事，後來也沒有再和這位朋友聯絡，不知道究竟在她身上，再有沒有發生過甚麼靈異怪事。

樂宜 污水廠拍戲 拍到離奇人影

廖樂宜早年以藝名洛兒出道，曾參加《美女廚房》，後來以模特兒、藝人及打碟DJ的身份參與演藝事業，近年以性感形像示人，不時在網上大晒美好身材，粉絲無數。其實她也曾拍過幾套電影和劇集，其中一次拍攝靈異題材的電影時，就曾遇上古怪事。

猛鬼廁所

樂宜當時接拍了一套網絡電影，拍攝場地是樂安排污水廠。

「當時已拍攝了很多天，但是去到某一日，因為進度緩慢，當晚要拍攝到凌晨，最記得去到大約凌晨三點多接近四點的時候，我們一班演員正在等埋位，於是就圍在一起傾偈。當中一個演員問我們，知不知道這這個地方其實十分猛鬼，還問我們夜晚會否聽到外面明明沒有人，卻有很多奇怪的聲音。」

當時樂宜也在現場拍攝了好幾天，早就聽化妝師提過，現場的洗手間很猛鬼，甚至不少工作人員都這樣說。這時最麻煩的事情發生，就是她突然感到內急，必須要去這個傳聞十分猛鬼的洗手間。

「我當然叫化妝師陪我一齊去，由於我真的太害怕，所以在洗手間內不斷和化妝師說話，務求有人聲人氣，一直聽到她的聲音，讓我夠膽繼續去洗手間。」

人影閃移

樂宜說，這個洗手間真的很舊、很陰森，幸好過程中她未有親身遇上怪事，但工作人員在拍攝期間，就拍到不可思議的畫面。

「拍攝時，很多工作人員都看見有人影在天花板走來走去，甚至有拍攝到人影，事後更有見到靈界的工作人員，指出拍攝到的畫面中，哪些地方有靈界朋友。雖然我看不到，但有人說其實我們拍攝時，有很多『朋友』在觀看，更叫我們不要周圍望，以免看到不應看到的東西。」

事後更有人說，拍攝期間，天花板上有很多「人」在，更不時發出笑聲，似乎睇拍戲睇得十分開心。

吳佩孚
睇樓遇着凶靈　旗袍女鬼鏡中現身

睇樓遇上靈異事件，未必一定與凶宅有關。有些時候，就是因為樓齡舊，入住過、離開過的人都多，所以就自然容易招來各種靈異流連，可能只是簡單的存在，也可能對出現的人有所要求甚至作出騷擾。

炮台山搭轆撞鬼

話說多年之前，吳佩孚師傅陪同一位港姐女星，到港島炮台山一帶睇樓，一行人當日上了一幢已有五十多年歷史的舊樓，這個屋苑位處炮台山上，共有三幢樓宇，成品字型建設，中間特別種了一棵十多米高的大樹。吳師傅稱，這一帶風水不是特別好，當時的他已經肯定無論如何都不會建議港姐租住那處，但既然已經到了現場，也就上樓一看。

大廈的舊式電梯，安裝了那種要手動關門的轆門，綠色轆門中間有玻璃窗，電梯上落時，可以從玻璃窗往外望到外面樓梯的情況，可想而知有多古老。

當日要睇的單位在該樓的最高層，一行五人齊齊迫夾地搭電梯上樓，吳師傅就站在玻璃窗前，可以清楚見到電梯外的情況。就在電梯上升去到大約五、六樓的時候，吳師傅竟然見到外面樓梯處，站了一個女人，身穿普通衣服，但看起來迷迷濛蒙，既似存在又似不存在。吳師傅作為法科師傅，當然一睇就知道不是「人」，但這次只是上樓睇單位，與樓梯那位女鬼沒有關係，所以他也就當睇唔到。

那知電梯再上一層，竟然又見到這個「女人」出現在同一位置，再上一層又見到，連續三層都出現。這時吳師傅就知道她可能是有所求，於是心中就暗暗唸了一個咒送她離開，正好電梯去到頂層，一行人離開電梯，那位疑幻似真的「女人」就消失不見了。不過，最恐怖的情景原來還未發生。

想從鏡中爬出

吳師傅和其他人齊齊進入一個三房單位睇樓，單位四四正正，並沒有甚麼大問題，只是整個單位都是剛剛油上新油，明顯有一陣油味之餘，還似乎有點想掩飾甚麼的感覺。吳師傅趁機進入洗手間看看，貌似一切正常，但當他打開水龍頭試水之際，竟然見到洗手盤上的鏡中，出現身穿旗袍、全身濕透的女鬼，且有所動作似是想從鏡中爬出來！就連身經百戰的吳師傅也嚇了一跳，回頭一望卻是甚麼也見不到。

吳師傅當即感應到，這位女鬼相信是多年前死在這間浴室中，而且明顯是浸死的，到底是自殺或是他殺不得而知，但絕對有怨氣，似乎是想找人報仇。所以這間屋是肯定不能住人的，吳師傅亦當即帶隊急急離開。

由於他們一行人只是來睇樓，既不是租住也不會買這個單位，所以之後並沒有進行任何法事或處理。

吳佩孚
校服女鬼救人一命

在一般人心目中，撞鬼肯定不能說是好事。吳佩孚師傅曾經遇上一個個案，當中撞鬼的女孩子，卻因禍得福，甚至可以說，是因為遇上這位身穿校服的女靈體而執返條命。

反叛少女

「這件事發生在很多年之前，這位女孩名叫小慧，當時是一個中五會考生，家庭環境不算太好，或許是在反叛期，所以她常跟母親鬧交，又喜歡自殘，常常會有一些激動的行為，甚至三不五時就自稱想自殺。」

不過，她還是每個星期去尖沙咀一座商業大廈補習。某一天，她因為剛剛與母親鬧交，所以一去到這幢商廈，就一個箭步衝去搭粒，想上天台跳樓。

「這時她一個轉身，就在大堂撞到一個身穿校服的女仔，兩人算是擦身撞了一下，小慧即時大怒，指着那個女仔的背影狂鬧，但校服少女繼續步行離開大廈，完全沒有理會，也沒有回頭看一眼。」

小慧急着上天台，鬧了幾句後眼見電梯到達，也就轉身入粒。

齊站天台

這個年紀的少女容易一時衝動，小慧衝到上天台之後，就站在圍欄邊，望向二十多層的樓下。

「這時候奇怪的事發生，不知為甚麼小慧眼中的世界，突然就變成了一片黑白，所有事物都失去了色彩，她也沒有想太多，只覺得是自己的眼睛出問題。當她正在猶疑不決的時候，竟然發現剛剛那個撞到她的校服女仔，就站在六、七個身位之外。」

小慧發覺這位白色校服的女孩，也正在望向地下，她即時心想：這個八婆連跳樓都跟上來？

「小慧正在氣上心頭，但突然發覺，這個女仔似乎正在慢慢飄過去，她心想我想跳樓，難道也要一齊？正想開口大罵之際，校服少女慢慢轉頭望過來，小慧駭然發覺對方竟然沒有五官！眼耳口鼻全是一片模糊，就在她還未回過神來的時候，校服少女竟然縱身一跳就跳了落樓。」

小慧被嚇到完全失控，大叫着跑落樓下。

「最奇怪的是，當她告訴樓下管理員剛剛見到的事情時，對方竟然不相信，皆因天台的門是一直鎖上的，小慧根本沒有可能單獨走到天台。」

經過一段時間之後，她終於冷靜下來，打探後才知道原來幾年前，真的有一個穿校服的少女從天台跳樓身亡，此後天台就一直上鎖。

或許這個校服少女，正是為了阻止小慧跳樓自殺而現身嚇她。

岑樂兒
錄影廠講鬼古撞鬼

常言道，每當有人在講鬼古的時候，就會有靈界朋友在旁邊、附近一齊聽，所以不少靈異故事都發生在一班人講鬼古之時。如果是在主持靈異節目的話，又會否更容易發生古怪事呢？

總有一隻

岑樂兒（阿妹）主持的《總有一隻喺左近》，已經做了超過一百集，原來她在主持這個節目的期間，亦曾經遇上怪事。話說她剛剛開始主持這個節目的時候，對靈異事件是超級害怕的，當時的主持有三人，除了岑樂兒之外，還有潘紹聰和另一位男主持，拍攝的地方是柴灣的攝影廠（當時 ViuTV 仍未搬到九龍灣），眾人坐的位置就似是打麻雀般，在四方枱的四邊各坐一人。

「我們第一集的嘉賓是關寶慧小姐，我們一人一邊坐好，還未正式開拍時，大家談天說地，到導演叫準備開機，我們就靜下來等開始，那時完全沒有人出聲，全場十分安靜，突然我們聽到一聲很沉重的呼吸聲。關寶慧更第一時間望向潘紹聰的後面，似乎覺得有點奇怪。」

師傅證實

當時潘紹聰完全聽不到任何聲音，但岑樂兒和關寶慧就互打眼色，皆因兩人都聽到那下聲音，更詢問控制台是否播了特別音效，但答案當然是沒有。

「再仔細望一望那個發出聲音的位置，是甚麼都沒有的，只有一盞燈。本來事件就這樣不了了之，但之後節目請來一位法科師傅，我們八卦問師傅，問那個攝影廠有沒有靈體？他即時指着潘紹聰背後的位置，說就在那個位，但剛才有怪聲的時候，那位師傅並不在現場。」岑樂兒此後就相信，那間攝影廠的確有靈體存在。

陳康琪
工人姐姐有男鬼跟身

搬屋前後找師傅睇風水，相信是很多香港人都會做的事，不過，你又可會想到，搵師傅睇風水，竟然會因而發現家中印尼女傭有鬼跟身？曾經是女子組合成員，又參加過造星節目的陳康琪，就有朋友遇過這種怪事。

睇風水遇怪事

「朋友一家四口和工人姐姐搬新居，於是就請了一位風水師傅來家中睇一睇，過程一切正常，師傅睇完也說每個方位都不錯，應該沒有甚麼大問題。意想不到的是，師傅指工人姐姐有點問題，可能要做一些儀式或法事。」

這位工人姐姐在朋友家中工作多年，一直相安無事、融入家中，也沒有出過甚麼問題，但風水師傅直指她「有古怪」。

「師傅十分謹慎，先請媽媽帶了兩位小朋友入房，關好門，並叮囑之後不論聽到甚麼也不要出房，繼而就即場向着工人姐姐唸經唸咒。」

初時也還正常，但工人姐姐漸漸不妥，開始前後九十度地搖擺，而且越來越快，就似是快鏡播片一樣。

「工人姐姐更開始講一些聽不明白的說話，既不是廣東話或英文，也似乎不是印尼話，但最恐怖的是她的聲線，竟然變成了男人聲，與她原本的聲音完全不同。」

這時情況漸漸失控，就算兩個男人出盡力，也開始無法讓她冷靜下來，身型嬌小的她更變得力大無窮，就連師傅都慢慢力不從心。

「風水師傅手忙腳亂之際，大聲講了一句『咁猛、搞唔掂呀！』，工人姐姐即時怒目望向他，並以男人聲冷笑了兩下『哈！哈！』，當時的氣氛只能用恐怖來形容。」

師傅只能繼續不斷唸經來解決問題，經過了一段長時間，唸了很多經和咒之後，工人姐姐終於冷靜下來，也似乎回復清醒狀態。

家人落降頭

風水師傅這時才解釋，早在他入屋的時候，就見到有一個男靈體附在印尼工人姐姐身上，原來她在印尼的家人，很久之前就落了她降頭，讓一隻男鬼跟着她，要她一直留在香港工作搵錢，不可以回印尼。

「這件事工人姐姐自己都知道，但既然沒有出問題所以就沒有處理。這次風水師傅指出原來她有男鬼跟身，讓朋友一家人十分害怕，最後更決定換工人。」

據知，最後這位印尼工人姐姐還是繼續留港工作，始終沒有返印尼家鄉。

吳沚默
電視城古裝街公廁撞鬼

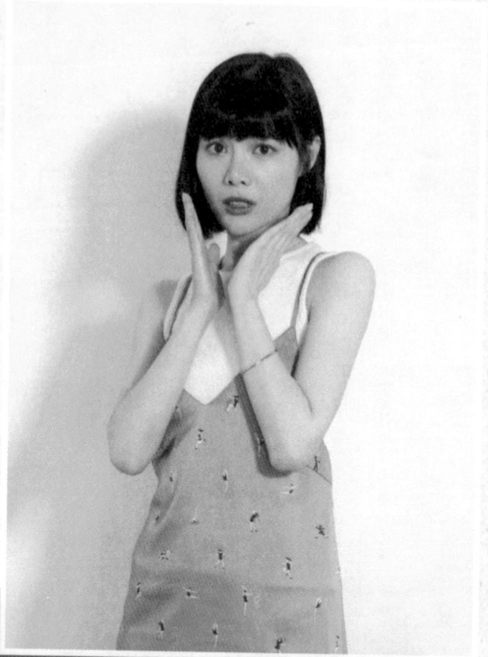

吳沚默作為電視台才女，除了出書做編劇之外，也拍攝過不少電視劇集，在電視城留下不少足迹。電視城的古裝街，向來都是猛鬼傳說的集中地，原來她也曾在那裡遇上一次一生難忘的經歷。

避無可避

「古裝街這件事，只能算是我的半親身經歷吧！話說古裝街有個公廁，但這個公廁很少使用，因為它的清潔狀況確實不算好。如果穿古裝的話，很多時裙尾會拖地，所以我們很少用這個廁所。」

不過，若晚上要在古裝街拍劇，又要開工到半夜三更的話，有時也是避無可避。「有個拍古裝的晚上，去到某個時間，一位女同事很想去廁所，又想找人陪，於是我就決定陪她去，因為時間頗趕急，我們只能去古裝街的這個公廁。」

當時公廁內的燈光十分暗，近乎沒有燈。「我在廁所門口望入去，因為怕地下污穢會弄污我的裙尾，所以我沒有進入，但那個女仔可能很急，甚麼都不理就衝了進去，我就留在門外等她。」

沒有回應

等了好一會，廁所內卻一直沒有聲音，於是吳沚默就開聲叫她的名字。

「公廁內一直沒人回應，我怕她暈倒在內，於是就進去看一看，見只有一格是關門的，於是我就敲門問她有沒有問題，然後我聽到她回答說沒有問題，麻煩我再等一等。」

又等了好一陣子，女同事終於出來，那知她一出來就問，為甚麼她剛才在洗手間內大叫，我卻不回應她。

「我完全沒有聽到她大叫，當然沒有回應。原來她在廁格內，聽到有人在旁邊的一格，以為是我在使用，所以她就開聲說話，但卻沒有回應。」

當時我根本不在廁格內，一直站在外邊，亦肯定沒有其他任何人進入廁所。事後我們兩人都感到十分害怕，之後無論如何，都不肯再使用這個電視城公廁了。

吳沚默
電視城休息室夜半怪聲

電視台的鬼古多不勝數，當中不少都和藝員休息室有關，似乎每次有藝員在拍攝期間，倦極無奈地進入休息室小睡的時候，都會遇上不同程度的怪事，特別是當藝人們精神狀態不佳的情況下。吳沚默近年主力北上工作，星途發展順利，但初入行時也曾在電視城經歷過一段日夜顛倒，二十四小時不斷拍攝的時期，並曾在電視城休息室遇上古怪事。

通宵再通宵

上回提到吳沚默的同事在古裝街公廁撞鬼，然而她本人的靈異經歷則在休息室發生。「我在電視台時只有一次親身的靈異經歷，就是發生在休息室。我們當演員的，常常都會開廠開通宵，可能是因為通宵工作，所以不時會出現幻覺吧！攝影廠旁邊的休息室，分別是男休息室和女休息室，其實都很出名的了，兩間都曾經傳出過很多古怪事情。」

「有一次我在拍劇，前一晚剛剛通宵完，第

二晚繼續通宵拍攝，中間有一個空檔，可以有幾小時休息，當然就是去休息室睡覺啦！記得我進入時沒有其他人在場，所以我就關掉大部分燈，只留下一盞很小的燈。」

正當她開始睡覺，就不斷聽到「得、得、得、得」的響聲。

「我開眼望一望，見完全沒有人，於是就繼續睡，又聽到『得、得、得、得』的聲音，於是我又再打開眼，也有懷疑過會否是房外面的聲音。」

無論房內房外都沒有其他人，她終於開始感到不妥，總之就是開眼就沒有聲，一合眼就有聲，但當時她真的太攰，所以還是決定繼續睡。

「一合眼，又聽到那種『得、得、得、得』的聲音，我忍不住想找出這些聲音的源頭。很多女演員為了開工時方便拿取，都把外景櫈放在休息室，我四處找聲音來源時，就見到一張外景櫈，放在門旁邊的陰影位。」

吳沚默記得，那張櫈是頗高的。

「我不知道是誰的，但我就發現這張櫈在自己動，那些『得、得、得、得』的聲音，就是櫈的四隻腳不停撞着地下的聲音。我再望清楚，的確是沒有人的，房間其實也很細。」

驚到不敢走

她終於識驚，心想是不是應該要離開。

「但我又不夠膽，因為那張櫈就放在門旁邊，離開就必定要經過那個位置，所以我繼續扮聽不到，只能合上眼扮睡覺。」

那張櫈卻繼續發出「得、得、得、得」的聲音，吳沚默只能在心中不斷講：「請你繼續玩，只要不搞我就可以了。」

她最後不經不覺入睡，到醒的時候房中已經有很多其他演員，人氣甚旺，那些聲音當然也消失了。

「我在休息室遇過的古怪事，就只有這一次，之後我也不敢告訴其他人，也不敢去看清楚，究竟會自己搖的櫈，是屬於那一個藝員的。」

記錄 036

徐濦喬
怪屋拍攝《大叔的愛》

拍戲，除了在攝影廠和出外景之外，亦常常會租用各種場地來拍攝，其中不乏住宅單位，例如港版《大叔的愛》這部熱爆劇集中，最常出現的一個場景，就是田田（田一雄，呂爵安飾）的屋企。

離奇古怪屋

劇集中與田一雄有不少感情戲的徐㴒喬，也在這間屋拍攝了很多鏡頭，雖然她並沒有遇上甚麼靈異經歷，但原來整個劇組都感到這間屋「有古怪」。

「由於拍攝場地，即是這間屋其實十分細，我們所有劇組人員、演員、工作人員都在有限的空間內工作，甚至我們演員化妝，也要在一個走廊位搞掂，那是一個非常小的空間，所以我常常聽到工作人員的談話，他們每個人都感到間屋有古怪，例如常常會有燈炮燒掉，而且頻率異常的密，有時又會有物品離奇爛掉，最奇怪的一次，是導演親自遇上的，他們在一個位置拍攝時，屋內沒有開窗，也沒有開冷氣，亦沒有任何人走過，但一盞拍攝用的燈竟然自動跌倒，就似是有人在旁邊推跌它一樣。」

不得不信邪

另一次，當她正在化妝時，旁邊一位工作人員正在用電腦處理片段，奇怪的是無論如何，他都沒辦法從卡中下載片段到電腦，直到有人提醒，要上香拜一拜，他在半信半疑的情況下照做，那知下一秒所有片段都正常出現，實在不得不信邪。

「工作人員開工前都有拜神，也有在房中拜五角、上香。由於那是一幢很舊的樓，所以有古怪也屬正常。有一晚拍到很夜，我真的很倦，但所有人都叫我不要在屋內睡，雖然我最後還是睡了一會，幸好沒有甚麼事發生，可能是靈界朋友見我是鬼妹仔，所以不搞我吧！」

不過，徐㴒喬卻明確的說，絕對不會再到這間出租客房「度假」。「除非有幾十人陪我，否則我是不會去的，這間屋的感覺真的很壓迫，就似是屋中永遠有很多人走來走去一樣。」

宋芝齡親解韓國「巫堂」秘密

香港人愛看韓國電影、劇集，就連韓國的恐怖片、鬼片也是不少人的心頭愛。不過，可能是言語障礙，有關韓國的真正靈異故事、都市傳聞等卻並不多聽，就像近年韓劇中常常出現的傳統韓國通靈儀式，香港人通常都不明白當中的過程和意思。

傳統韓國巫術

宋芝齡作為半個韓國人，對這種類似香港人「問米」的傳統韓國儀式非常熟悉，原來她有一位從小認識的阿姨正是「巫堂」。

「這是一種非常傳統的韓國通靈、祈福、問米的儀式，中文就寫作『巫堂』，即巫術的意思，在韓國有很悠久的歷史，她們分為很多不同流派，但衣着上有一個極為明顯的特色，就是必定穿得大紅大紫、五顏六色，非常鮮艷。」

「當中也有一些比較特別的，有些人會在繩上跳、也會在刀上跳，就似是神打請神上身一樣，有時又會唱歌、跳舞或唸咒，做的事更是包羅萬有，有些巫堂會問米、有些會問事，也會祈福、睇流年、算八字（韓國人同樣用農曆）、捉鬼驅魔，總之就和一般香港人搵風水玄學法科師傅幫手一樣。」

「『巫堂』分很多種，有些會請神上身、有些會靈修，我有一個阿姨，她就是人到中年，中途忽然去做巫堂，她的修行方式比較特別，會算好一個特別日子，找一個深山進去，連續多日修練不出來，修練甚麼當然是秘密。她每年也會幫我算八字流年，也會寫符給我，但符不是中國式的，會有各種動物圖案。」

宋芝齡說傳統韓國人每當遇上奇難雜症，只要不是信基督教的話，通常都會找這些巫堂幫手，那是非常普遍和普通的一回事，而且巫堂通常是家族傳承的，很少人半途出家。「可以說是命中注定，總之就是上天叫你做就要做、才能做。」

朋友身邊多一個

宋芝齡分享了一件有關這位巫堂阿姨的親身經歷。

「好幾年前，我和一位女性朋友回韓國釜山探媽媽順道旅行，當時我們拍了一張合照，我把這張相片留給媽媽。回港後不久，媽媽就打電話跟我說，巫堂阿姨見到照片中，我的女性朋友旁邊出現了一個小孩子的靈體，叫我找機會告訴朋友，叫她找人處理。我當時並沒有說，皆因這回事有點尷尬。幾日後媽媽又打電話來，前後迫了我好幾次，原來是阿姨說我一定要講，迫於無奈之下，我就直接告訴了女性朋友，誰知她非常淡定，很平靜的說知道了。」

之後到底如何，宋芝齡也沒有多問，只知道這位朋友之後確實在港請了師傅做儀式，朋友之後亦沒有出現甚麼古怪問題。

謝雪心

登台走埠夜驚魂 恐怖鬼頭搗水髮

星級代言人 謝雪心

娛樂圈藝人最常出埠登台搵真銀，從五、六十年代開始，香港藝人就常常到東南亞演出，除了拍劇、拍戲，最常有的就是登台唱歌，既有做粵劇的，也有唱時代曲的，不少藝人都極受歡迎。

不過，出埠工作其中一個最大的問題，就是必要住酒店，對於一些怕黑或天生對靈界較敏感的人，要住酒店是讓人最害怕的因素，要知道東南亞很多地區都是傳說中的猛鬼地，再加上要一個人在晚上入住陌生房間，遇上離奇古怪事的機會就更加多。

馬拉登台

這是一個由謝雪心心姐，憶述她早年往馬來西亞登台時，在酒店房間中遇到的恐怖靈異事。話說八十年代中期，心姐隨一大班藝人，齊齊到馬來西亞巡迴登台演唱，第一晚一到埗，就入住一間位於大城市的五星級酒店，房間華麗堂皇，設備十分正常，初入房時也是十分舒適，所以就算是獨住一間房，心姐也覺得可以接受，何況也不是第一次到馬來西亞登台，她也沒有感到太過害怕。

午夜敲窗

那知當晚，竟然發生了可怕的怪事。話說心姐當時是登台唱粵劇，所以就帶備了粵劇的頭套、巨型頭飾和戲服，為免讓昂貴的飾品受損，她把戲服和頭飾掛起來，遠看的話就似是一個穿上戲服的「人」，站在衣櫃門外一樣。其他人見到可能會嚇到魂飛魄散，深夜昏暗絕對會認為是撞鬼，但這套戲服頭飾本來就是屬於心姐的，又是她自己掛起來，所以她完全不覺得有問題，早早就心安理得地上床睡覺。

一睡到凌晨兩、三點，心姐被一陣敲擊聲嘈醒，起身一聽，發現敲擊聲從窗口那邊傳過來，但當她坐起來望向窗門時，敲擊聲就停止了，當時心姐完全沒有想起，她住在十幾樓，窗戶又沒有露台，根本沒可能有人在外邊敲窗！

恐怖頭飾

正當心姐想繼續睡覺時，她轉身一望，竟然見到那套她自己親手掛起來的戲服和頭飾自己郁動，她最初還未意識到問題，但想一想就覺不妥，為甚麼頭飾郁動的情況那麼奇怪，既不似是風吹，也不是有人在搖動，而是似乎有人戴上了頭飾後，頭部不停在轉圈，就似是在台上表演的「擒水髮」，而且頭飾的轉速更是越來越快，漸漸快到似風扇一樣高速轉動！

心姐當時心驚膽跳，但又不敢下牀離開，只好不斷唸佛號，大被蓋過頭希望等天光，不知不覺就再度睡着。不過翌日起身，掛起來的戲服和頭飾卻完全沒有被移動過的痕迹。

練美娟
唐樓撞鬼仲跟埋返屋企

唐樓是香港的特色樓宇，時至今日仍然有很多人居住，一些單位甚至已經改裝得美侖美奐，也由於間隔實用，成為不少人的心頭好。不過，唐樓的最大問題是樓齡舊，最少也有四、五十年以上，經歷幾許風雨，不知有多少人在這處經歷生死離合，自然也容易發生靈異事件。練美娟就曾經在朋友居住的唐樓單位遇上怪事，甚至有靈體跟了她返屋企。

飲酒玩通宵

「這件事是發生在拍攝《晚吹》之後的，記得某一次拍攝節目之後，我和當晚的嘉賓及幾個朋友，去了一個朋友的家中繼續傾計、飲酒和打邊爐。他住在太子區的一些翻新唐樓，單位裝修十分新淨，但他有一個喜好，就是收藏不同國家的木公仔和雕刻品，家中有幾十個這種公仔，其中有十多個比較細的，就放在客廳的電視架上。」

當中有一個朋友，在凌晨大約三、四時左右，突然說其中一個木公仔，好像不斷望着他，讓他感到十分不舒服。

「那是一個從日本買回來，有五官的公仔。屋主聽到客人這樣說，就決定把這個公仔收入房。這時屋中的氣氛漸漸變得詭異，我也感到有點不妥。大家都知我飲酒從來不嘔的，有名千杯不醉，但這時我卻感到十分不適，要即時跑去廁所嘔。」

去廁所嘔竟然也遇到離奇怪事，她一打開門，廁所天花板就大漏水，就似是爆了水管一樣。

「這是非常奇怪的事，之前完全沒有任何徵兆，屋主更說住了三、四年，從來未發生過這種事。這時候，剛才說那個木公仔望着他的朋友，就似突然想起甚麼似的，叫屋主不如把那個木公仔放回原位。相信屋主也有同一樣的感覺，即時把公仔放回原位。」

就在他把公仔拿出來後，幾秒之間漏水的情況就突然停止。

「水停了，我們也不敢說甚麼，繼續飲酒直到天光才離開。回家後我一睡睡到傍晚六點，一起身就發現家中的水煲正在煲水，但我是從來不在家煲水的，而且我是獨居的，那情況根本不可能。我很害怕，於是打電話找人幫手，一位有修法也有陰陽眼的朋友，叫我影一張廚房的相給他看，之後他就開始隔空施法，當晚就似乎平靜了。」

後來這位朋友告訴娟姐，原來有一個小朋友的靈體跟了她回家，本來是要跟另一位男性朋友的，但對方陽氣太盛，所以最後就跟了娟姐。

「幸好這位小朋友靈體只是想來玩，並沒有惡意，所以很簡單就解決了。後來屋主也把這個公仔交了給法科師傅處理，不敢再放在家。」

娟姐也發誓，以後不去這個朋友的唐樓屋企。

喬寶寶
泰國酒店床邊見女鬼

香港最受歡迎的印度裔喜劇演員喬寶寶，未入娛樂圈之前，曾經在懲教機構工作，可能因為外型殺氣大，所以工作時從未曾遇上怪事，不過就曾在泰國旅行時親身遇上靈異事件。

泰國旅行

話說喬寶寶入行後，不時有機會外出登台，但可能每次都行色匆匆，所以就算要一個人住酒店，也完全沒有遇過任何怪事，反而在某次去泰國旅行時，在酒店房間內親眼見到一隻恐怖女鬼。

話說某年夏天，喬寶寶和幾位演藝界朋友一起到泰國旅遊玩樂，到達當地後，眾人飲飽食醉玩得極開心，第一晚就入住一間位於泰國旅遊區的酒店，其室內設計新穎、色彩繽紛。喬寶寶和一位男性朋友同住一房，初時兩人齊齊躺在床上看電視，不久之後喬寶寶就合上眼睡覺，而朋友則繼續睇電視。

怪聲怪氣

喬寶寶當時把被蓋上頭，不一會就發現電視聲音被關掉，他以為朋友也準備睡覺，可是卻突然聽到很多聲音，似有一大班人在說笑玩樂，而這些聲音更是圍着床邊轉，喬寶寶心想，難道是其他朋友都入房一齊玩？

最初他不想理會，但那些聲音越來越大，令他終於忍不住揭開被一看，竟然見到一隻身穿白衣的女鬼，正正站在他的床邊，並瞪大雙眼望着喬寶寶，並伸出雙手指向他，似是要襲擊他一樣。

「我當時非常驚，到今時今日我仍然記得很清楚那隻女鬼的樣子和手，甚至連手指甲都非常清晰。當時我立即想彈起身，可是完全不能動彈，就是這樣定定的看着對方站在眼前。」

喬寶寶這時斜眼望看旁邊的床，見到同房的朋友經已睡着，那一刻他就似是叫天不應叫地不聞。不知過了多久，可能是幾分鐘的時間後，房外突然有人敲門，是其他朋友來邀請他們一齊去吃宵夜，喬寶寶就在此時突然能郁動，眼前的女鬼也即時消失不見了。

林寶玉
亞姐親爆大埔廠房怪事

香港人都知道，這個世界沒有事情永恆不變，只有亞視，是永恆存在的。

話說林寶玉作為亞洲小姐，也在亞視藝人部工作，經常到亞視返工。亞視雖然早就不在歷史悠久的廣播道，而是搬到大埔工業區，不過當中的鬧鬼傳聞仍是永不止息。

第一日返工

「我選完亞姐之後，便在亞洲電視工作，其實第一日返工，就已經有人跟我說這個地方十分『猛』，最初我是在藝員部工作，第一日返工已經感到奇怪，為甚麼鄰房的人早就已經收工，但是還要開着一盞燈呢？」

林寶玉說，在亞視工作期間，自己常常會出外，所以並不算有太多時間留在公司，但一直聽到很多不同傳聞，就連她自己也曾在亞視廠房內遇上古怪事！

「當時有同事告訴我，廠房內有一個部門，每天都需要有很多人坐在辦公室內催旺，此外該辦公室曾經有一段時間被封閉，後來才再重開，非常神秘。但經過這一輪『儀式』之後，該部門就非常旺。」

封閉的樓層

林寶玉亦爆料指，廠內不少地方都有靈異傳聞，例如某層樓的男廁，每到農曆七月的某些節日，就會請人來做些法事儀式。

「曾經有傳說，廠房內某一層樓，是所有職員都不會進入的，有舊同事說曾經有一段時間，這層樓的門口甚至用封條封着，但後來就沒有了。我曾經去過這層樓，平常真的沒有人，根本不會有人入去，我也盡量不去。」

另外，她也曾在公司遇上靈異怪事。「我自己在房內，常常有怪異感覺，幸好我很少在公司。廠房內有一部電梯，我常常都會使用，但就三不五時出現無法關門的情況，無論我如何按，都總是關不上門，有時候我會索性去行樓梯，有時就等其他同事一齊才搭。有一次，我一個人在電梯內，不論怎樣按門鍵，就是不關門，這時一位較資深的同事進來，細細聲說了一句『不好意思』，之後電梯門就順利關上了。我嚇得目不轉睛地望着對方，誰知他竟然說：『不用怕！人比鬼更恐怖呀！』，亦即是他根本就知道發生甚麼事！」

最後，林寶玉也分享，在這個永恆不滅的廠房內，不少地方都開着長明燈，據說也是因為「靈異」原因。「早幾年，網上也流傳幾段影片，是在廠房內拍攝的，據說在某個樓梯位，曾拍到一些靈異影像。」亞視永恆，就連鬼古也是歷久不衰。

黃建東《降魔的》西貢外景驚嚇事件

每個藝人都有可能在拍戲時遇上靈異事件，若是拍攝靈異劇情的劇集，就更易遇上這些事。港男出身的黃建東，身型健碩，剛陽氣重，但原來他也曾在拍攝《降魔的》時遇上怪事。

降魔伏妖

話說黃建東當時正拍攝《降魔的》番外篇，他在劇中飾演一個降魔伏妖的捉妖大師，更會研究各種科技物品去捉鬼，劇情中只要他說「降魔伏妖 attack！」就可以把一些鬼怪精靈收入樽內。

某一場戲，拍攝位置是西貢的一處山邊，遠處是一間廢置的酒廠。當晚的演員有黃建東和楊潮凱，劇情講述黃建東要示範給對方看，究竟他如何用各種神器去收妖捉鬼。

「一開機，我就大聲講『降魔伏妖attack！』，怎料一講完，我就聽到背後有些聲音，類似是一些敲擊鐵通的聲音，從遠遠的山坡上傳來，就似是有人用鐵通敲打鐵扶手。」

又叫又笑

那一個鏡頭當然要NG，之後再開拍，當黃建東一講「降魔伏妖attack！」，就會再出現敲鐵通的聲音，所有工作人員齊齊望向山坡，卻沒有發現任何人出現，沒有任何辦法之下，他們只好繼續拍攝，可是每當黃建東一講完「降魔伏妖attack！」又會出現那種怪聲。

即使如此，拍攝當晚還是繼續，最後順利收工。當晚導演和收音師都沒有說甚麼，只是以最快的速度收工離開。後來收音師竟然告訴黃建東，當晚其實不只收到敲擊聲，還錄到一班小朋友的叫聲和笑聲，只是現場不敢揚聲，打算後期才處理。

最後，更有朋友告訴黃建東，在那間酒廠的對面，建有一間供奉已逝小朋友的庵堂。

嚴淑明
邯鄲酒店遇上攞命將軍鬼

中國地大物博、歷史悠久，要說一些有長遠歷史的城市，可能講幾日也講不完，當中不少更曾發生過重大戰爭，傷亡慘重，難免會傳出靈異故事。嚴淑明早年就曾到河北古城邯鄲工作，入住一間六星級華麗酒店時，竟然遇上一件靈異恐怖事！

古城登台

話說這是十多二十年前的事，當時嚴淑明常常北上登台，有一次就到了河北的古城邯鄲。

「當時我和幾位演藝界朋友一齊北上，去河北省的邯鄲登台，皆因當地有一間超級豪華的六星酒店開幕。這也是我第一次去這個城市，去之前完全不知道這個地方的故事，後來才知道那處原來是一個二千年歷史的古城。」

邯鄲是戰國時代趙國的古

都，城內外也曾發生過極大規模的戰役，傷亡慘重。

「記得當時是先到北京，再坐好幾個小時車才到達目的地，到達時已經是晚上，我們一行人快快地吃了晚餐就回房睡覺，入住的正是這間剛剛落成的新酒店，每間房都十分豪華，而且面積頗大，有一張 Queen Size 的雙人床，一個人住其實十分舒服。」

將軍鬼魂

由於旅程勞累，嚴淑明很快便沖完涼上床睡覺，那知就在半夢半醒的時候，發生了奇怪的事。

「當時我還未入睡，但就在準備睡着之際，突然聽到很多人的聲音，最大聲的就是一匹馬的聲音，似是有人騎着馬，向着我的床跑過來，到某一個位，我就感覺到有人落馬，走過來我的身邊。」

「那一刻，其實我想起身，但全身不能動，就連眼也打不開，但當時我感覺到有一個全身穿着盔甲的人走過來站在我床邊，一會兒之後，這位『將軍鬼』就拿起一把類似斧頭的武器，打橫一揮在我的身上劈過，就似是劈入我床頭的牆上，過程中更不斷講一些奇怪的說話，我是完全聽不懂的。」

不知經歷了多久，這位將軍就轉身騎馬離開，之後嚴淑明才能夠再動。

第二天，嚴淑明繼續工作，也沒有對其他人說出這個經歷，晚上的登台也十分順利，再沒有發生甚麼事。

到完成工作後，眾人等車準備離開邯鄲的時候，由於還有一點時間，所以他們就齊齊走出去酒店附近看看，誰知竟然發現酒店外就是一個大型紀念公園，而紀念的正是一次古代戰爭。

嚴淑明相信，當晚她遇上的將軍鬼魂，可能正是那個古戰場上的陣亡者之一。

蔡宛珊
銅鑼灣一屋六鬼猛鬼屋

美女主持蔡宛珊早年曾在銅鑼灣住過一間猛鬼屋，這間屋中竟住了幾個不同的靈體。

「我入住這間靈異鬼屋已經是十多年前的事了，當時年紀輕，剛剛和男朋友拍拖，他當時已經住在銅鑼灣一個兩房單位，與一對情侶一齊住，我就不時在這間屋過夜，怪事就從這時開始。」

住客健康差

這位前男友當時在夜場工作，夜晚上班較少見到陽光，而這間屋只有兩間房有窗，廳對着天井，並沒有太多陽光照到。

「那時候常常在這間屋過夜，奇怪的是每次我在這間屋過完夜，我的腳都會出現很多瘀痕，但不痛的。那段時間前男友又會常常頸痛，去睇醫生照X光、睇中醫做針灸等，甚麼都試過，就是醫不好，也找不到原因。」

最奇怪的是，同屋居住的男性朋友會常常腳痛，也是完全查不出原因，而他的女朋友就日日都肚痛肚脹。

「所有人都覺得怪，無理由我們四個人都不舒服，睇醫生同樣找不出原因，所以就開始想找其他方法醫治。」

各有原因

直到有一晚，終於遇上靈異事件。

「某一晚，同屋的男性朋友在家中睡覺時，突然見到一男一女出現，並向他揮手，當時他想是不是自己飲了太多酒，眼花睇錯，所以並沒有理會，轉頭就繼續睡。但幾日後，他又聽到有小朋友聲在門外，開門當然是無人。」

最後眾人決定找師傅幫手，經朋友介紹，找到一位茅山師傅。

「我們四個一齊去，他問這間屋是用誰的名字租的，就是我前男友租的，他看完之後清楚地講出了單位的陳設，所有資料都中，而我們完全沒有透露過任何事的。」

最後師傅說，原來屋中住了六隻鬼，還好師傅說這六隻鬼與我們沒有關係，只是這間屋太陰，附近的亡魂就聚集在這個空間。

「我前男友會頸痛，影響他的鬼是跳樓死的，跌斷了頸所以頸痛。男性朋友腳痛，是因為影響他的鬼是車禍斷了手腳的，所以他就常常腳痛。影響另一個女性朋友的鬼，是一個吸毒死的女鬼，所以她常常肚痛。我就有三個小朋友的靈體想和我玩，常常扯我的腳，於是我就有很多瘀痕。」

最後師傅做了儀式解決，但他們都以最快的速度搬走。

許文軒
雲南旅館不思議事件

作為電視台娛樂主播，許文軒不時要外出採訪，甚至會去一些普通人在正常情況下不會去的地方。大約十年前，他就在雲南一處偏遠山區，遇上一件靈異怪事，時至今日，他仍然沒有辦法作出解釋。

山區舊旅館

「話說大約十年前，我接了公司一個工作，去雲南山區探訪，目的是協助慈善團體為貧窮人士重建家園。那個山區真的頗偏遠，要去昆明先住一日，再搭八至九個鐘的車，才能去到當地旅館。由旅館去做義工的地方，還要再多坐四十五分鐘車，可想而知有多遠。」

當一行人到達旅館時，發現這間旅館十分殘舊，可說是他人生中從未住過的地方。

「那次要住五日，初頭幾日也沒甚麼問題。

雖然我是做採訪，但也有出力落手做，有幫手建屋，要搬東西，每日都很疲累，拍攝後回酒店就睡，根本沒有理會其他事。」

古怪事情卻在最後兩天發生。

「當日只拍攝半天，就可以回旅館休息，很開心可以休息，我和攝影師一間房，我睡在近牆那張牀，正當我躺下來休息的時候，突然發現左手邊的牆上，多了三隻字，是用鉛筆寫的『我想你』。我和攝影師對望了一眼，大家都沒有出聲，但都肯定之前是沒有的。我們即時在房內找找看有沒有筆，也是肯定沒有。」

還是我想你

「當時我影了一張相，之後實在太攰，所以沒有理會又睡着了。醒來之後，我心想算吧，都只剩最後一晚了，就當看不到吧！吃飯時，我把這個經歷分享給在場的人聽，當我一講到『我想你』三個字的時候，突然間我後面有一堆東西塌下來，很大聲的，我和所有工作人員及陳偉霆，都一齊『嘩』的一聲嗌出來。」

「講完之後，感覺舒服了，但回到酒店時，卻發現那三個字仍然存在。不知何故，我總是感到渾身不自在，所以就算只剩一晚，我還是要求換房，幸好最好也沒有其他事情發生。」

譚嘉荃
阿里山撞見爆頭工人鬼

傳說中，靈體很喜歡看藝人拍戲，所以影樓、攝影棚這些地方，常會有很多鬼怪傳聞。譚嘉荃近年在道教電視台做主持，期間就發生過各種古怪事。不過，就連她也想不到，原來去拍旅遊節目，竟然也會撞到恐怖靈體。

錄影怪聲

譚嘉荃有一次在攝影場地拍攝訪問節目，嘉賓是一位玄學師傅，期間她就聽到不應聽到的聲音。

「當時我和嘉賓正在傾談，兩個人都肯定已經關了電話，即是說現場應該只有兩把人聲。誰知講到中途，就在我們中間，竟然出現了一把男人聲，這是沒有可能的，我們都聽不到他說甚麼，就是『鬼食泥』的聲音，我們兩個人都聽到，亦肯定不是電話響，就連導演和攝影師都聽到，playback也錄到，無法解釋。後來又試過一次錄音，除了錄到我的聲音，背景竟然還有鄧麗君的歌聲，非常恐怖。」

阿里山奇遇

有一次，譚嘉荃去台灣阿里山拍攝旅遊節目，就遇上更離奇的怪事。

「阿里山是一個很美麗的旅遊勝地，但其實從前有很多工人在那裡身亡。那次我們去拍旅遊節目，我和一位女同事同房。第一晚我就有古怪，不知何故有種十分奇怪的感覺，情緒很不穩，不斷發脾氣。」

當晚她一吃完飯就回房睡覺，但不知為何未能入睡。「我睡近窗那張床，雖然有一個暖爐，但仍然很凍，我的情緒始終很差，真的不知為甚麼。同事見我這樣，就和我調轉床，調轉之後我就睡着了。第二朝一早，同事一彈起身就即時捉着我，說要快點走，她的表情十分驚恐，雖然我不知道為甚麼，但也即刻離開房間。」

「原來她當晚躺上我原本的床後，不久就開始感到頭痛，睡到半夜，竟然見到一個身穿工裝、爆頭兼流血的男人，站在床邊以充滿怒氣的眼神望着她。」

「她當時驚到不敢動，只能裝睡等天光，一發現男鬼消失就立即起身走人。當地的拍攝工作人員，當日就帶我們去廟拜拜。雖然還要繼續住那間酒店，但幸好可以轉房。」

Kathy 仔招魂幡惹鬼現身

近年靈探節目十分流行，不論電視台或是個人YouTube頻道，常常會讓主持人去不同的地方靈探。靈探可能還只屬小事，有些節目更大膽，甚至會用到「招魂幡」來召魂。Kathy 仔王頌茵就曾經因為拍攝靈探節目而接觸到招魂幡，最後更見靈體現身。

陰森獨立屋

Kathy 仔首先分享一件她拍攝真人騷時遇上的奇怪事。

「早幾年拍攝了一個真人騷，要六個女仔住在同一間屋做家務。最記得那是一間獨立屋，第一次去到時，也覺得很不錯，但當我去到後花園，就覺得有點古怪，因為後花園有一個樹林，十分陰森，總之就是令人不舒服，當時我就決定，一定不要行去那個位置。」

古怪事情就發生在第一晚，當Kathy 仔要去一樓廚房時。

「廚房旁邊其實就是那個陰森的樹林，當時已經是晚上兩、三點，我一入到廚房就發現後門打開了，而後門就正正是通向那個樹林的。我第一時間就想，為甚麼門會是打開的？

也不敢望過去，但就是感到樹林有人影或是甚麼東西在動，所以我就極速斟水後回頭轉身上房。」

就在這一刻，竟有一陣寒風吹過，甚至樓梯前的貝殼門簾也被吹動。

「我非常害怕，雖然甚麼也見不到，但就是感到有甚麼東西衝過來，幸好最後都沒有見到甚麼。」

燒衣燒唔着

另一次，Kathy 仔去一條常常發生意外的公路拍攝靈探節目，更即場用招魂幡招魂。

「那次是去靈探，要到大埔一條馬路邊做招魂儀式，更使用一條真正的招魂幡，那是我第一次接觸，之前完全不知道那是甚麼。據我所知，那條公路常常會發生交通意外，稍早前更有一單小巴意外引致傷亡，該路段絕對是交通黑點。」

工作人員把所有儀式物品及招魂幡插好，再在一個橙上插好三枝香，儀式就正式開始。

「我們開始唸經咒，繼而就燒衣紙，一開始燒時，旁邊的靈探機就開始響，然後插了香的橙，竟然自己『碌』走，但那條路是平的，而且個橙插了香。最恐怖的是我們用火槍燒衣紙，竟然會燒唔着！當日沒有下過雨，衣紙也肯定是乾的。」

現場另一位男主持也覺得不妥，提議快點離開。

「現場有法科師傅在，我們就請師傅幫手清身，但搞了一會兒，師傅竟然說當地的靈體不肯收衣紙，一直都燒唔着，最後我們要燒比平時多一倍的衣紙才能解決。」

不過，事情原來並未完結。

「後來我們一行人去吃宵夜，其中一個燈光師竟然說，剛才拍攝時他見到我們身邊有一個黑影，一直站在附近。」

燈光師還說，這個黑影更穿過工作人員包括他自己，但他當時實在太害怕，所以去到糖水舖才夠膽講出來。最後師傅帶了這位燈光師返回現場，再做了一次法事清身。

漢陽
凌晨清水灣驚見半邊女鬼

漢陽在香港樂壇多年，唱過不少經典流行曲，但原來他也是一個「靈感」十足的人，天生就可以感應到靈體。他小時候住公屋，每當母親去了買餸，他就會感應到靈體出現，常常聽到家中客廳有腳步聲，但肯定沒有半個人。這種情況不時發生，但第一次讓他極害怕的，卻是十五歲時的一次經歷。

鬼節去沙灘

漢陽最記得，那天是農曆七月十四鬼節。

「當晚我和一班朋友去沙灘玩，為何會記得是鬼節呢？因為去到沙灘才發現有人在燒街衣，當時年紀輕，根本不知道當晚是鬼節。我們大約四、五個人一齊去，傾計傾到凌晨三、四點，坐在沙灘邊，這時突然有一個大浪，打到我們身邊，我即時感到有點不妥，感應到有靈體。」

漢陽說從那一刻開始，他講說話就開始口震，原因是感到非常凍，當時是夏天，天氣其實熱到不行。

「但我卻感到非常凍，於是我就坐近一個男性朋友，想不到竟然即時暖了起來，朋友就覺得我很怪，為甚麼要坐這麼近，於是我就坐開一點，又感到很凍，於是又再坐近他。」

朋友開始覺得漢陽煩，於是很大力的轉身望過來，想問漢陽是怎麼了？

「他一轉身望到我，突然臉色一變，之後還提議『不如走啦，我們一齊走，不要問為甚麼』。當時可能所有朋友都感到有點不妥，於是就齊齊離開海邊。我們身在清水灣，有一條長長的樓梯要向上行，期間一直沒有人說話，直到天光，我們上巴士走，他才說出剛才見到甚麼。」

「原來他當時一轉身，就見到我背後有個女人，但只得一半，上半身就纏在我背後，下半身就消失在沙中，一看就知道是鬼，於是即刻叫大家離開。」之後這位朋友更叫漢陽要快點去寺廟拜神。

慧師姐
台灣攝影廢廠遇幻影

拍攝電影、電視最容易遇上靈異事，若果是拍攝鬼故事或靈探節目，就更加容易出事。慧師姐本是電視拍攝的幕後工作人員，參與最多的就是電視台的靈異節目，因緣際會之下，近年更學習法科，成為真正的慧師姐。這次她分享的親身經歷，就發生在去台灣拍攝靈探節目之時。

廢廠探靈

「當年我做《X談》，專拍靈探節目，曾經有一次，我和團隊去台灣拍攝，而台灣是一個比較多靈異事件的地方。那一次我們去到台灣，首先去大泡溪，就類似是香港的新娘潭，再去一間發生過命案的軍營工廠，晚上在這間工廠探靈，初初開始拍攝時，我就一直見到有黑影，聽到有怪聲，但這種情況其實十分常見，所以我也不太緊張。」

拍攝過程中，導演會透過對講機，指示慧師姐一邊行一邊撒溪錢，從一樓行上三樓。

天台黑影

那座工廠有三層樓和一個

可以上去的天台，但由於建築物曾經發生火災，所以只有一條樓梯可以上落，上了樓之後除非跳下來，否則沒有其他方法可以去樓下。

「我行到第三層，不知道導演想我怎樣，於是便問導演，經過了一段時間，他才回覆叫我繼續行上天台，去到天台之後繼續撒溪錢。當我行到上天台時，就見到遠處有兩個人影，這兩個人的外形，就似是當時攝製組請來的台灣法科師傅和他的助手，我當時就想，他們為何這麼快就上到天台？我也未有多想，準備行過去他們的位置，這時導演突然叫我回頭，從原路行回地下，想來可能有其他任務，所以我就離開天台，從樓梯返回地下，沿途沒有遇上任何人。」

幻化成人

就在慧師姐行到地下時，她竟然見到剛才在天台見到的台灣師傅和助手。

「我嚇了一跳，即問台灣師傅為甚麼會在樓下，但他們卻說自己根本一直在樓下，從來沒有上過天台。由於樓梯只得一條，理論上他們是不可能越過我上天台的，而且當時天台上的燈光非常昏暗，我並不肯定那兩個人影，究竟是否台灣師傅和助手。」

後來，台灣師傅就說，這其實是當地的靈體，幻化成她認識的樣子，應該是想吸引她行到天台邊，至於有何企圖，就不得而知了。

龔柯允
馬泰旅行連環撞鬼

去旅行容易撞鬼，或許是因為人生路不熟，又或許是因為人在開心興奮的狀態下，更容易與其他維度的物體接觸。龔柯允雖然是馬來西亞人，但也曾在馬來西亞當地及泰國旅遊期間，連續遇上多次靈異事件，讓她整個旅程都充滿回憶。

半夜叫你名

話說數年前，龔柯允和好友去旅行，先去馬來西亞轉機再飛泰國布吉，過程中竟然接二連三地遇到靈異古怪事。

「所有事都首先要從馬來西亞講起，話說那次我和一個好友去旅行，第一站先到馬來西亞轉機，當中要等大約十個鐘，所以我們就在機場附近，租了一晚酒店，雖說是酒店，但其實非常簡陋，房間沒有廁所，要去公共浴室。這間酒店確實不能算好，環境舊之餘還有點監獄風雲的感覺，但價錢真的很平，而且我們只住幾個鐘，又不想出市區，所以就選了這間最近機場的酒店。」

入住後，龔柯允打算去洗手間梳洗，要行經一條長長的走廊。

「當時已經是半夜，我一個人去到洗手間，正在準備沖涼時，突然聽到我的朋友大聲叫我的英文名，我當時心想她應該是帶漏了甚麼東西，於是我就回應她，但一望卻發現廁所沒有其他人，我再走出走廊，整條走廊也空無一人。」

龔柯允說，馬來西亞華人都相信，如果半夜有人從後面叫你的名字，記得千萬不要回應，所以當時她已經十分害怕。無奈地只好急急沖完涼回房，她的朋友否認有去廁所，更說自己當時去了一樓買東西，兩人根本不在同一層樓。

GPS闖墳場

龔柯允心想既然只是逗留幾個小時，也就不作他想，即時上床睡覺就算。第二天早上，卻又發生古怪事。「一起身，朋友就問我昨晚究竟搞甚麼為何雙腳全是泥？但我昨晚明明沖完涼才上床，而且床鋪都十分乾淨，就只有我的腳全是泥。當一刻我也沒有甚麼可以做，即時退房搭飛機離開。」

去到布吉，她們兩人租車自駕遊，由於落機已是晚上，她們開車去民宿獨立屋途中，已經是晚上九時多。「我開車跟着GPS行，一直都去不到民宿，直到一個倔頭路，我們見到一個牌寫着一堆泰文，還有一個大大的交叉，由於看不懂，所以我們還是繼續向前行，再行了一段路，竟然去到一個巨大的墳場中間，四周都是泰國人的墳墓。」

知道不對勁，她們即時回頭出大路，再打電話請民宿的人來接，最後才平安去到民宿，並發現正確位置完全在另一個方向。

樓梯遇白影

故事還未完，她們去到民宿安頓好，正準備好好享受假期之際，竟然在屋內又遇怪事。

「當晚在洗手間梳洗時，我又感到一種異乎尋常的壓力，就好像有人不斷在身後偷看我，但一回頭又甚麼也見不到。當我梳洗完畢行出去的時候，突然就見到一個白影站在樓梯的轉角處，或許是我行得太快，祂來不及走避，竟然就在我的眼前穿牆而出，離開了這間屋！」

龔柯允當晚只能邊怕邊睡，直到第二天出去和當地朋友見面吃飯時，講起前一晚發生的事，當地朋友告訴她們，晚上天黑之後，所有本地人都不會去墳場區，亦即是她們第一晚誤闖之地，皆因所有人都知道該區是猛鬼之地。

潘盈慧
日本住宅遇小孩靈體

這間世界上，最猛鬼的國家究竟是哪裡？有人認為是泰國，也有人說日本的鬼特別恐怖，特別是貞子女鬼和俊雄細路鬼，都是經典的日本鬼代表。

香港人去日本住酒店，不時發生靈異事件，但未必很多人住過日本人的獨立屋。電視台娛樂新聞主播潘盈慧，曾入住真正日本人的居所，卻在此遇上極似「俊雄」的日本小孩靈體。

朋友家撞鬼

潘盈慧幾年前去日本旅行，住在一個當地朋友的家中，那是真正的日本人屋企，是一座兩層高的獨立屋，在日本非常普遍的住屋類型。

「有一晚，我和朋友的孩子一齊在地下那層大廳玩遊戲機，玩到十二點，其他人都已經睡了，我們是最後還在玩的人。事情發生在我們準備上樓睡覺的時候，小朋友去了洗手間，我就在樓梯位等他，那一刻我已經把所有燈都關掉了，只剩下樓梯口一盞小燈。就在他一出來，我一轉身行上樓梯的時候，就在眼尾見到一個黑影，於是我就回望那個位置，發現飯枱旁邊其中一張椅上，坐了一個小孩。」

潘盈慧非常清楚地見到，那個小孩的臉十分蒼白，眼下有很深的黑眼圈，就似是「俊雄」在座。

通靈師證實

潘盈慧當然是嚇了一跳，但又不敢大叫，始終這是別人的屋企，而朋友的孩子又似乎見不到甚麼，所以她就即時扮「睇唔到」，繼續上房睡覺。

「之後我也不敢告訴朋友，直到回香港後，我才告訴她這件事。想不到她其實不覺奇怪，皆因她的孩子早就講過，曾經在家中見到古怪的黑影走過，但她並不太相信，現在就連我這個暫住幾天的朋友也見到，她才終於相信家中真的有古怪。」

日本朋友找了當地的通靈師處理，這位「師傅」去到朋友家，即時指着那張椅，問否見到靈體坐在那張椅上？原來這個小朋友靈體，是跟隨屋主的一個朋友來的，不知何故留了在屋內無法離開，於是一直求救，希望有人可以讓他走！

日本朋友最後就請通靈師，以日本的方法解決問題，據說最後成功請走了這個不明來歷的「小朋友」。

「事後想來，當時『靈體』的表情並不恐怖，反而是有點無奈，似是想開口講甚麼的感覺，可能就是在找我幫忙吧！」

瑪姬
電台通宵節目靈異事

不少香港的經典鬼古傳說，都發生在電視台、電台等娛樂重地。多年來，在這些地方工作的人，或多或少都曾經聽過甚或親身遇過靈異事件。曾經在新城電台做DJ的瑪姬，就分享了這樣的一個電台鬼故事。

CD全部錯位

這是瑪姬的親身經歷，她多年效力的電台，位置在一座船形建築物的底部。當時她剛剛入行不久，大約是零五年年尾左右，她當時被派了去做通宵音樂節目。

這種通宵音樂節目一般有三、四個小時，作為一個新人，自然覺得這是一個好機會，當然要試一試。由於是直播，所以她早早回電台做準備，找出並集齊四十多隻CD，整整齊齊地排好播出的次序，希望做節目時可以順手又順利。

正當她自信滿滿，把這些排列整齊的CD放進一個A4紙盒，心想必定萬無一失之後，她就走出這間房，準備返回座位拿手機，就在這來回二十步左右的距離和時間，當她返到房內，竟然發現那紙箱內放好位置的CD，竟然全部歪了，再細心一看，就連次序都全部改變了。

這是瑪姬親手花了兩個小時處理的，竟在十多秒的時間內全部亂了。她當即感到事有不妥，皆因她非常肯定，當時那裡並沒有其他人在。

粗口對付

事後，瑪姬曾詢問電台前輩，才知道原來那間房常常會發生靈異事件，這位前輩也曾有類似經歷。話說當時他在房內整理MD，當他播放MD時，突然發出「卡卡卡」甚至是一些古怪的聲音，當他戴上耳機後，更從耳機中聽到有人以不知名的語言在說話，但他非常肯定那些MD原本全是音樂和歌曲。

之後這位前輩就教瑪姬，以後若在房中遇上怪事，應以講粗口來回應，只要夠大聲就會沒事。

瑪姬
陰陽眼少年出遊

開關後，香港人自然是四處去旅行，出埠住酒店就最容易遇上靈異事件。前巳瑪姬就曾經在住酒店的時候，多次遇上古怪靈異事。

酒店大堂見鬼

「這是我身邊朋友的故事，有朋友一家人去內地打高爾夫球，並入住該高爾夫球場的酒店，就是很近香港的那一間，相信都不難估了。他們一家人一齊去，人多當然要分開不同房間，媽咪和囝囝同一間房，其他家人就入住不同房間。」

當母子兩人準備好後，就落樓到大堂等待其他家人，準備再一齊去高爾夫球場。「兒子的年紀約為十三、四歲，永遠戴着耳機整天在打機。兩人去到大堂時，阿媽才發現匙卡不見了，於是就問兒子有沒有取去，兒子還是繼續打機愛理不理，少年人總是覺得母親很煩，所以一直沒有理會，只顧打機。」

混亂之中，母親開始發嬲，於是一手扯下兒子的耳機，怒問究竟有沒有拿過匙卡？那知兒子竟然回答：「沒有呀！為甚麼你不問一問你旁邊一直站着的酒店員工？叫他幫你找或者再出一張新卡就行了！」

見慣不怪

原來兒子雖然一直在打機，但當母親不斷找匙卡時，他一直見到她身旁有一個穿西裝的「酒店員工」。他講完更指着一個方向，說那個職員正在向另一邊行走。

「當時已經有幾位家人到場，但當中沒有任何一個人，見到有酒店職員存在過，更沒有人見到有人向那個方向行走。」

事後，家人才得知兒子原來有陰陽眼，可以見到其他人見不到的「東西」。之後家人每次去睇樓，都會找這位兒子來幫手。最讓人意想不到的，是這位能夠見到靈界的兒子竟然完全不覺得害怕。

「家人曾問他為甚麼這樣淡定，他就說平時打機都是打一些古怪遊戲，更何況一向都見到不屬於現在的『東西』，早就習慣了，所以完全不覺得有甚麼需要害怕。」

李成昌
榕樹灣露營見人頭

李成昌作為娛樂圈前輩，常常因為拍戲拍劇，而在山野之地或電視城這些向來被認為是猛鬼的地方出入，而且經常都要拍至半夜三更，但神奇的是，他卻從來沒有在拍戲期間遇上靈異事件。

不過，李成昌年輕時去露營，卻曾親眼見到恐怖的靈體現身！

斬草開路

話說昌哥在二十多歲時，常常和朋友去露營，有一次就和幾位好友，去榕樹灣露營。當日他們到埗紮好營地後已是六時，他們必需要趁天全黑之前，準備好各種東西生火煮食。

昌哥當時手上雖有齊生火工具，但卻「貪得意」走去斬柴來燒，於是就走向一座小山，希望在高處可以找到一些比較好燒的乾樹枝。他拿着一把鐮刀，獨自往山上走，行過一條小路後，突然路面開始變闊，再行前一點後，他就蹲下來，準備斬草開路。

叢中撞鬼

那時昌哥正前方的草大約有一米高，他左手一「攏」，右手就用鐮刀斬草，斬了一堆草就放在一邊，第二下再用左手一「攏」時，他就當場嚇到縮手兼坐後，皆因他左手一「攏」之後，竟然見到地上有一個人頭，人頭更瞪大雙眼望實他！

昌哥回憶說，當時他很清楚地見到那個人頭的樣子，但幾十年後的今天已忘記了，因為當時實在發生得太快，所以他只肯定見到一個頭，是男是女、頭髮是如何都看得不太清楚。

他只記得總之草叢中就有一個頭望實自己，嚇到他腳軟急尿，行也行不到。定一定神後，他才當即轉身回頭走回營地，當晚甚至不敢睡覺，死頂捱到天光，才即時拉隊走人。

翌日，當他從原路往回走，準備離開的時候，又再回望昨天他上去的那座小山，這時因為陽光較充足的關係，他終於發現原來整個小山上，原來全是當地村民的山墳！

黃榕
上海酒店尾房傳怪聲

黃榕以性感形象出道，多年來活躍於香港娛樂圈，近年更得到「榕姨」的尊稱。不過早前她參加《全民造星 4》時，卻被花姐鬧喊，十分慘情。

其實黃榕多年來登台經驗豐富，去過世界很多不同地方工作，所以住過極多不同的酒店，遇上的靈異怪事也特別多。最特別之處，是她差不多每次出埠工作，都會被安排住在酒店尾房，亦即是常常被認為最容易撞鬼的房間。

一步一步行近

「我不算是一個有靈異體質的人，看不見，但就是會感覺到，而我每次出去住酒店，不知何故常常被安排住尾房，而我所有靈異經歷，都是在酒店發生的。」

話說數年之前，黃榕到國內拍一部電視劇，分別要去上海、青島和橫店拍攝。當劇組去到上海拍攝時，一行人就入住一間當地酒店。

「我當然又是住尾房，但既然是工作安排，也不好說要換房，不想提出太多要求。入房前我也有先敲門，也會帶一些香薰去點，近似是檀香的味道，之後我就打開窗簾，當時心情很好，因為那天不用開工。」

黃榕之後就跟其他工作人員外出行街購物，直到很晚才回房間。

「記得當晚很攰，入到房很快就上床準備睡。那時我躺在床上看電視，環境十分安靜，很小的聲音也會聽到，我的頭放在枕頭上，突然聽到有人在敲枕頭，是從枕頭底敲上來的。繼而又聽到房內的地氈，發出一些拖鞋步行聲，最恐怖的是，那些腳步明顯地一步一步行近我的床。」

拍隔離房門求救

黃榕當時非常害怕，立刻就打開全房的燈，卻發現房內甚麼都沒有，於是她就繼續看電視。

「然後電視突然自行關了，當時遙控器不在我手上，所以一定不是我自己按的，當時我害怕到不知應該怎樣做，於是就用被蓋着自己，再用手機傳訊息給鄰房的朋友，叫她過來陪我，不久之後我就聽到門鐘聲，我即刻衝去開門，因為我以為那是鄰房的朋友，那知一開門，竟然甚麼人都沒有！」

甚至整條長走廊都不見有人走過，也不可能是有人玩門鐘。嚇到尖叫的黃榕於是只穿上睡衣，都立刻跑去鄰房拍門求救，就連自己的房門也沒有關。之後她一直和其他女藝人住一間房，始終不敢再回出事的房間。

黃詩棋 橫店拍戲撞正女鬼要上身

拍戲，最容易撞鬼。身處片場拍戲，更是在最容易撞鬼的地方做最容易撞鬼的事。馬來西亞美女黃詩棋，在國內拍過多套極受歡迎的劇集，穿古裝當女主角的幾套劇集更是網上大熱。幾年前她在橫店拍攝時，曾親身遇到鬼上身的經歷，過程恐怖到讓她有輕生的念頭，最後要返回馬來西亞，才能解決問題。

拍戲扮死撞邪

這是黃詩棋的親身經歷，一切從橫店片場拍戲開始。

「當時我在橫店拍古裝戲，那一場戲是講我即將會死，還要是很痛苦地死，是胎死腹中繼而身亡，總之劇情非常淒慘，可能因此讓我的能量降到很低，很容易撞到其他界別的東西。那場戲順利拍完之後，我就開始感覺到現場陰風陣陣，整個人突然出現一種很害怕的感覺，但我也沒有想太多，因為拍攝現場很多人，可能接近二百人，人氣這麼旺盛，所以我相信應該不會有大問題。」

拍完之後她去換衫，由於更換古裝比較麻煩，所以她由助手陪同入房。

「進房後，可以從門縫見到對面那間房，不知何解我很好奇地望進去，見到有個女仔在那間房中，而那個地方是不應該有人的，我即場問助手有沒有見到那個女仔？為甚麼會有人在那間房呢？助手卻甚麼也見不到，但我卻很清晰地看到，一個身穿白衫的女仔站在房內，頭髮長長的，就站在房中間。助手再望多一望，仍然甚麼都見不到。」

這時她終於知道有問題，難道是見到甚麼古怪東西？

「我開始害怕，因為一直以來都有人說，如果見到那些『東西』，一定要扮見不到，如果被祂們知道你見到，就會一直跟着你、纏着你。當時我也沒有甚麼事可以做，只能如常換衫回酒店。」

到酒店後，她開始感到不適、想嘔，更有一種很想衝出去馬路被車撞的感覺。

「我也不知道為甚麼，總之就是有這種想法，之後就開始發燒，我知道肯定是中招了。」

阿媽越洋拜神

黃詩棋當時沒有其他辦法，只好越洋跟母親求救。

「我在橫店不認識師傅，所以只能打電話回馬來西亞給媽媽，告訴她發生了甚麼事，我直接跟她說我撞鬼，可否幫我拜一拜，母親就即時幫我拜祖先，但拜了好幾日，都似乎沒有效果。」

之後的日子，她每次去洗手間照鏡梳洗，都會感到鏡中人不是自己，是另一個不認識的人，感覺非常恐怖。「我覺得有另一個人存在於我的身體內，每一日照鏡都有這種感覺，之後越來越不適，很辛苦，甚至常常想自我了斷。我不停感覺到，身邊不斷出現一些浮遊的靈魂，四處都有。」

這種情況維持了一段時間，不論是拜神或戴佛牌，都完全沒有用。「後來有人教我，說我一定要坐飛機離開，因為這些靈體是過不了海的，只要我坐飛機隔海走，就跟不到我了。」

於是她立刻買機票回家，但在離開時，她還是不斷感應到怪事。

「我去到機場時，見到很多白影，真的是四處都有，而且我很辛苦，很不舒服，要靠意志力堅持才上到飛機。在飛機上飛了大約兩個半鐘之後，可能是飛越了海，那種不適的感覺才漸漸消失，回到馬來西亞就已一切回復正常。」

自那件事之後，黃詩棋幾年間都未有再回橫店那個撞鬼的片場。

「我知道以後就算見到甚麼都不要講，要扮睇唔到。雖然這幾年沒有回去，但相信之後還是有機會去橫店的，也會有機會再到那個片廠拍戲吧！」

李妍
半夜行隧道一個動作易惹鬼

小時候，有沒有聽過父母提醒，不要在半夜行街時玩鎖匙，皆因發出的聲響會惹上鬼魂纏身？模特兒李妍從小就常常聽父母講一些關於晚上外出的宜忌，但她卻從來都不相信，直到有一次，她從朋友口中聽到這個經歷之後，就決定以後出夜街都不會玩鎖匙。

深夜回家

這是李妍的朋友在家中曾經發生過的靈異事件。

「一切由她的家姐開始。朋友的家姐有一晚夜深才回家，入門口之後，家中的兩隻狗竟然不停地向着同一個位自轉，就似是圍着一個人玩一樣。繼而每天晚上，都會定時定候出現這個情況。再過幾日，更奇怪的事發生，家中的某一間房，不斷出現長頭髮，每隔一、兩日就會在房間地上出現，但家中所有人都不是長頭髮的。」

再過了一段日子，家中的牆壁甚至出現離奇的花痕。

「牆上突然出現一些似是用鎖匙劃出來的花痕，初頭只有一、兩條，不太顯眼，後來竟然整幅牆都被劃滿花痕，非常明顯。」

當然不是任何一個屋企人手多所做，朋友父母深感古怪，於是就去了衣紙舖查日腳。

手痕惹鬼

衣紙舖老闆查完日腳之後，發現原來是朋友家姐惹了鬼魂跟返屋企。

「原來家姐當晚回家時，行經一條行人隧道，非常手痕的她還用鎖匙不斷劃花隧道的牆，可能就是這樣劃到了站在牆邊的靈體，於是跟了家姐回家，繼而在她家中還以顏色，劃花其家中的牆壁。」

事情最後以最簡單的方法解決，就是在衣紙舖買了一些金銀燒衣紙，再加一些豬肉和水飯，在十字路口拜祭，最終和平解決。

「其實我小時候很喜歡玩鎖匙的，但自從聽完這個故事之後，就不敢玩了，特別是夜晚回家時，完全不會拿鎖匙出來。」

彭皓鋒
美國朋友屋企見「鬼」婆

香港，有香港鬼，去到美國，又是否有美國鬼呢？彭皓鋒作為藝人，常常會四處出埠工作，近年最常去中國、東南亞拍戲拍劇四圍飛，幾年前更到美國參加電影頒獎禮。他親身經歷的靈異事件中，就有一件發生在美國，在當地遇上真正的「鬼」婆。

半夢半醒間

彭皓鋒幾年前去美國出席電影頒獎禮，期間有幾日入住朋友家。

「去到美國之後，我就入住一個朋友的家，當地的屋十分大，他的大屋有很多房，朋友就讓我入住地下那層，廚房旁邊的一間房。」

第一晚因為時差的關係，他完全睡不到，所以甚麼事情都沒有發生。第二日，他在下午睡了一段時間，晚上想迫自己入睡，以適應時差。

「當時我覺得自己幾乎睡着，迷迷糊糊間，就見到左手邊的房門口，突然出現一個白色人影，是真的穿着全身白色裙的人影，再看清楚，是一個婆婆，慢慢地行進來，全身白色的外國人，樣子很清楚，是一個外國人樣的婆婆，非常真實，當刻我就發現自己不能動，就是被鬼壓。」

離奇慢動作

是發夢嗎？彭皓鋒覺得不是，皆因所有影像都十分清晰。

「最驚的是，她的動作非常慢，慢慢地從門口進來，再慢慢行到我的床邊，我覺得好像行了接近五分鐘，再慢慢在牀邊坐下來，慢慢伸手想摸我的腳！我在心中不斷講粗口，叫她不要來，就在差不多接觸到的時候，我就突然紮醒。」

「可以動的時候，我非常害怕，又不知是真是假，總之就是好驚。當時已經是凌晨十二點，我不敢驚動屋主朋友，只好打電話返香港找人傾計。」

「幸好有時差，可以搵到香港朋友，一直講到第二朝早上才再睡着，還好當日我就要離開那個城市，不用再睡那間房。」

後來有師傅告訴彭皓鋒，早在他出發去美國前，就一直有「異界朋友」跟着他，未必是在美國惹到的。

「但我見到的真的是『鬼』婆，我常常去陌生地方，可能四處都有，只能盡量不去想。」

鄺家瑜

空姐空少機上撞鬼

飛機上，究竟會不會有鬼？

大家搭飛機的次數和時間可能都不少，但有聽過在飛機上發生的鬼古嗎？或許一般乘客，從來都沒有機會經歷到發生在飛機上的靈異經歷，但如果你是空中服務員，即空姐或空少，就有可能在飛機上親身遇上。

娛樂圈新人鄺家瑜在入行前，曾經做過一段時間的空姐，以下就是她在飛機上的親身經歷。

夜半有 call

「那是一班長途歐洲機，也是夜晚機，記得當時已經是夜深人靜，只得我和另外兩個空中服務員，一個男一個女，即總共一男、兩女的空服員在當值。我們坐在機頭的廚房位置，可以說是一眼就望穿整個機艙環境，所有客人的位置和機艙內的情況我們都能夠看到。如果有乘客要找人協助，肯定可以第一時間出手。」

就在他們三人放鬆心情，開心地傾談的時候，突然前方出現燈光，有乘客要求協助，而發出的位置竟然是在廁所之內。

「通常遇上這種 call，我們會特別緊張，因為在廁所中叫空服員幫手，一定是有很大的問題，最有可能是在廁所內感到身體不適，這種事可大可小，所以我們很緊張，於是就全部人一齊衝過去，很擔心地敲門。」

這時另一邊又有乘客要求空服員協助，所以她就獨自去幫另一位乘客，另外兩位同事就繼續處理廁所中的乘客。

「當我處理完另一個客人，返回廚房位置後，空少同事就問我，剛才廁所有 call，應該是鎖了門的吧？我當即說肯定是鎖了門，否則我們三個人也不會這樣趕去敲門，這是絕對肯定的。」

不過最詭異的，是原來他們兩個人敲門敲了幾下之後，發現廁所門竟然是可以推開的，即廁所內其實並沒有上鎖，空少更進入廁所左看右看，肯定完全沒有人，再試了試按鍵，也沒有壞。

消失的客人

「這是完全不可能的，我們三個人是一齊望着機艙走廊和廁所門口的，不可能有人從廁所走了出來而我們見不到。有人出來我們一定見到，機艙走廊有多大，相信人人都知道吧！」

亦即是說，那個人在廁所內憑空消失了。

「這是我的親身經歷，千真萬確。飛機上常常有各種事故發生，有這種靈異事件亦不算太出奇。當空姐的時候，也聽說過有人在飛機上離世，之後就會有人說，那架飛機十分猛鬼，會有古怪事發生，有時飛機會運送遺體，也曾傳出某架飛機的空服員休息位置，會突然出現一個阿婆鬼魂，其實就是運送的遺體。」

事後，他們三個人都不願意再進入這個廁所，也沒有人夠膽追究，後來她曾對其他空服員朋友說出這件事，但所有人都不覺得奇怪，甚至有一些經驗豐富的空服員，認為這只是十分普通的事，因為飛機上常常有各種怪事發生！

李月兒
屋企被鬼壓 原來隔離樓有意外

靈界這回事，很多時並沒有任何理據和原因，總之就是在某個時空之下發生，前因後果從來沒有人能夠說得清。

李月兒的身邊好友，就曾經遇上一件「被鬼壓」的怪事，當中牽涉的事件看似沒有甚麼關係，但細想之下，卻又可能有着意想不到的聯繫。

常被鬼壓

李月兒有位女性朋友，從小就常常「被鬼壓」，甚至早就習慣了這回事，能夠處之泰然。

「她從細到大，都會被一位女靈體壓，可能是她的身體屬性偏陰，被鬼壓的經驗已經是多到可以出書。當中就有一位女靈體，是從小到大都會找她的，但就只會壓，並沒有其他的傷害性，所以她也沒有太理會。每一次被鬼壓前，她都會感到一種被拉進另一個空間的感覺，只要睡覺時遇上這種感覺，就知道即將會被壓。由於實在太習慣了，已經不會害怕，一出現異狀，她就會合上眼，努力去睡覺，只要睡着了就不會有問題。」

暫住居所

如是者一直相安無事，直到某年，她居住的單位需要進行裝修，於是她就搬到屯門區某一個屋苑暫住。

「那個地方和她原本的屋企距離很近，由於只是租來暫住，所以她也沒有太注意是否凶宅，有沒有發生過甚麼案件的就入住了。有一晚她正在睡覺，半夜突然醒了，又有感覺似乎會被鬼壓，但這次感覺很不同，不安和凶險的感覺十分強烈，是有殺傷性、有壓迫感的。她一直打開眼，等待看是否會有事情發生，果然就感覺到有一些似是毛髮的物體，從臉部開始掃，繼而就似是有手指在抓她的臉。」

由於事情不似平常，她也開始害怕，但這時她已經不能動，只能眼睛四圍望。

「她甚至感到自己正在慢慢向上升高，整個人飄起，然後突然跌下，不斷重覆，這樣上上下下了幾分鐘，最後終於停下時，更恐怖的一幕出現了。」

「她望向左上角，見到一個男靈體，應該是一個叔叔，身材有點胖胖的，有種強烈的不安和不開心，但又充滿無奈，一直望實她，無計可施之下，她只好嘗試睡覺，最後勉強入睡。」

翌日，朋友看網上新聞，才知道原來她暫住的那幢大廈，旁邊另一幢樓幾日前曾有一位男士墮樓跌死，出事樓層跟她的一樣，且距離頗近，而那位男士的年齡和性別，都與她之前一晚感應到的靈體一樣，再對照日期，她被壓的一晚正是其頭七。

震波黎明 圍村遇上鬼婆婆

震波黎明陳先生，相信是不少八十後的少年回憶，想當年他也是電視上的肌肉型鮮肉男，不過身為消防員的他，當年並未全身投入娛樂圈，而是選擇繼續其拯救生命的消防生涯。退休之後，他接受訪問講出其靈異親身經歷。

圍村租屋

震波黎明從小就在圍村長大，住了很長一段日子，這個親身經歷也是他多年前在圍村租屋住時發生的。

「很多年前我租村屋住，不是西班牙式那種新式的，而是舊屋重建的舊式村屋。記得我最初搬入去住時，樓下有個八十歲的阿婆，她就是包租婆，當時她有一張藤椅，婆婆有一次問我，想不想拿這張櫈去坐，但我並沒有要。」

當時他住在三樓，包租婆住地下，中間一層後來也有人搬進來。

「住了半年左右，到了當年冬天，樓下二樓有一個母親帶着兩個小朋友搬進來，我很快就發現，原來那位母親是我的中學同學，所以不時遇上都會在門口講幾句。」

微笑婆婆

幾個月後的某一個黃昏，在意想不到的情況下，震波黎明親眼見到古怪事。

「當日大約黃昏六時多，我出門口經過二樓的門口，舊同學剛好打開了門，我望進屋內見到有張藤櫈，有個阿婆坐在櫈上，但不是我們的包租婆，是另一個阿婆，年紀可能更老，頭髮全白，總之就是鄉村常見的婆婆，我估計應該是同學的親友，所以就和她打個招呼便離開。」

坐在櫈上的婆婆，這時也對着他微微一笑。

「我沒有想太多就走了，但後來一想，那張櫈不就是包租婆問我要不要的那張嗎？原來是二樓的舊同學拿來坐。」

第二天，他早上開門去工作時，又遇上二樓的同學。

「我多口問她婆婆回家了嗎？誰知同學卻是一臉茫然，問我甚麼婆婆？我就說昨天坐在這張藤櫈上，還對我微笑的那個婆婆。」

同學臉色大變，說根本從來沒有一個婆婆在她的家中，還很緊張地問他是否真的見到。

「幾日後她就搬走了，我打電話問她原因，原來她也一直覺得這間屋有古怪，不想嚇到小朋友，所以就急急搬走了，幸好她一直沒有親眼見到任何靈異事件。」

震波黎明說，他當時見到的阿婆非常實在，猶如真人一樣實體，還好沒有出現恐怖的樣子，只是普通人的樣貌。

蘇煒喬
白衣吊頸女鬼來攞命

你相信一架的士，可以憑空消失嗎？你相信一個人會被女鬼纏身攞命，但最後被觀音菩薩化身拯救嗎？歌手藝人蘇煒喬，年輕時就曾經遇上這樣的一次超級離奇神化經歷。

陰風吹到病

話說蘇煒喬大約十八、九歲時，在某個夏天的晚上，去了烏溪沙附近一個青年營參加音樂活動。

「當時我一心是去玩的，晚會是八點開始，但我大約七點已經到了，所以就坐在一棵大樹下面等。坐了十分鐘左右，突然感到有一陣寒風吹來，非常凍，就似是落雪時吹的風，但那是暑假八月，根本不可能這麼凍，我即時標冷汗，不知為何就是感到不適，覺得身體開始出現問題，於是就告訴主辦者我身體不適，想先行離開。」

問題是當時沒有其他車可以乘搭，只能在營舍門口等的士。

「那時候還未有call車的，只能站在馬路邊等，這時就見到對面馬路，站了一個身穿全身白色連身裙、長長頭髮的女人，但我見不到她的樣子。其實我是聽不到她說話的，但就似是有一把聲音直入我的耳朵，有把女人聲不斷地講不要走、留下來。」

的士救一命

蘇煒喬等了很久，還是未有的士，直到一架有乘客的車出現。

「當時我真的很辛苦，於是見到的士上有人也上前截車，問司機可否救我到沙田火車站。想不到，車上的一位女乘客竟然說，這架車就是來救你的。那是一個年輕的女仔，身穿一條燈紅色的裙。我當時真的沒有多想，也只能上車。我在車上感到很不適，她幫我打電話給父親，叫他去將軍澳地鐵站接我，還叫我不用付錢，一到沙田就下車，不要回頭直接行去搭火車。」

蘇煒喬說當時他根本沒法多想，只能照做，下車後轉身想關車門，這時竟然遇上最離奇的事。

「的士不見了，我只是剛剛下車，一回身想關門時，整架的士消失了，前前後後一架的士都沒有。」

的士在眼前消失，當時的他亦難以深究，只能回家再說。

「返到屋企，爸爸給我飲了一些大悲水，我整個人才好了一點。第二天爸爸帶我去查日腳，說我坐在樹下時，遇上樹上的一隻吊死鬼，後來家人再找了一位師傅幫我，他說那個白色衫的女人，就是樹上的吊頸女鬼，而的士上來救我女人，是觀音菩薩化身，幸好我家中一直供奉觀音，所以才來救我一命。」

愛瑪「空中飛人」跟返屋企

世事變幻莫測，意外總是難免。如果有一日，你親眼見到事故發生，會八卦好奇地上前觀看，還是避之則吉即時轉身走人？偏偏有時是你想避，也總是避不了的。台灣美女愛瑪從小就有靈異體質，能夠感應到靈體的存在，甚至不是親身遇上，也會經身邊的人間接撞到鬼。

員工見飛人

來自台灣的愛瑪，在香港居住及做生意多年，年前就曾遇上一件與其員工有關的靈異事件。

「這位員工居於沙田某大型屋苑，該處常常都會發生各種事故，有一段時間常常有『空中飛人』。有一天早上，她出門口上班時，就剛好見到，那人更躺在她身前三、四個身位。雖然被嚇了一跳，但香港人最鍾意返工，她還是繼續照常上班，即使心驚驚，不過也沒有出現甚麼太大的問題。」

員工回到公司也是一切正常，並無不妥。

聞到怪味

然而對於擁有靈感體質的愛瑪來說，卻不是這一回事。

「當日下午我回到公司，一入門口就聞到一陣怪味。我是常常會『聞』到的，不會見到，遇上靈異事件我就會聞到。我問在場的人，有沒有聞到一種燒金銀衣紙的味道？這位員工知道我可以感應到，所以就說出當天早上的事。」

愛瑪即時感應到，正是這位空中飛人跟了員工來。

「我肯定是她把那種『氣』帶回了鋪頭，當時我未有理會，但晚上放工回家時，我感覺到這位靈體跟了我回家，可能是知道我可能感應鬼魂，所以想找我幫手，於是就跟着我，但是我根本幫不了忙，所以就跟對方說不要跟來。」

愛瑪說每次遇上這種事，她都會唸佛經淨化自己。

「我會唸藥師佛心咒，也會佩戴一個藥師如來佛的佛牌，通常唸完之後，那種靈異的味道就會消失。」

愛瑪也說，其實每次講鬼古時，都一定會聞到這種味道，一開始講就會有靈體來，而且少人氣的地方更多，只要一講就會來有「朋友」來聽、來聚集。

蕭始迪睇樓遇靈異事件點化解？

為何睇樓常常會遇上靈異事件呢？或許是吉屋最容易惹鬼入住，也可能是風水玄學家容易感受陰氣？蕭始迪師傅從事風水玄學多年，曾經遇過不少靈異怪事，其中一次就發生在沙田某個有很多座數的私人屋苑的單位。

兩人上樓

話說這已經是很多年前的事，蕭始迪師傅幫一個客人睇樓，但客人貴人事忙，完全沒有時間去，所以就請他跟地產經紀先睇一次，如果合適，他再親身了解。

「我和地產經紀兩個人一齊上樓，進入大廈時沒有甚麼問題，上到去單位門前也是可以的，但一開門我就感到不妥，皆因屋內有很多鏡，而且是互相對着的，這樣風水上肯定不好，但這些都是裝修設計，是可以改變的，所以我還是繼續睇。」

太多鏡容易招靈體，一打開羅庚，

就開始出問題。

「羅庚一出，全間屋就都熄了燈，經紀肯定當日沒有停電，絕對不是大廈的問題，這時羅庚中的天池不停跳，指針轉來轉去，這是有陰靈的顯示，我即時就叫經紀去找大掣，看看是不是跳了掣。」

經紀知道電箱位置在廚房，卻竟然找來找去都找不到。

「誰知他一行出來，所有燈又着返，其實當時是日頭，大約一點多兩點，而且是夏天，天氣很熱，但我卻感到背後涼浸浸。正準備再睇時，所有燈又再熄了，我直頭感到背後開始凍，其實當時三十幾度，那是沒可能的。」

百解艾草

於是他們兩個人一齊再去廚房找電箱，卻還是找不到！

「經紀嘗試打電話找業主，但我們兩個人的電話都收不到訊號。等了一會，燈又着了，我再開羅庚睇，全屋的燈又再熄，是第三次了。這時我終於見到有甚麼不妥，屋中的鏡邊開始出現幾個綠色的人影，日頭白白，我竟在屋中見到綠色的靈體。」

蕭始迪師傅立即拉着經紀離開單位，雖然經紀甚麼也見不到，但還是決定關門走人。

「落到樓下，我告訴經紀見到甚麼，他也相信，於是就告訴客人這間屋風水不好，再揀另一間。而我就和經紀去街市衣紙舖，買了兩張『百解』，由頭到腳掃三次再燒了，這樣可以消除一些跟身的污穢事物，也買了一點艾草拿回家沖涼。」

這件事，至今仍讓他記憶猶新。

易顯名
睇風水遇着猛鬼屋連續不幸事件

作為風水玄學家，工作中最常做的，相信就是四處去不同地方為客人睇風水，這亦是最危險、最容易遇上靈異事件的情況。易顯名師傅在一次為客人睇風水時，撞正一間猛鬼屋，期間還遇上多件連環不幸事件。

家中有鬼

易顯名師傅首先分享一個朋友的親身經歷。

「這位朋友是在將軍澳區開飲食舖頭的，每天都會在下午時分回家休息。每天某段時間，他都會在家中聽到各種怪聲，當時家中就只有他一個人，但會聽到有人在洗衫、掃地、做家務。初時他並沒有理會，至兩、三個星期後，他終於覺得不對勁，越想越不妥。他也是一個迷信的人，覺得這是靈體在騷擾，於是某日就在家中自言自語的說，這間屋也是租住的，如果可以的話就幫我增加生意，我搵到錢就搬走吧！」

想不到竟然真的成功，他舖頭的生意之後提升了三、四成。

「這位朋友也是守信之人，搵到錢之後就燒了一些金銀衣紙，以感謝家中靈體的幫助，繼而搬屋離開。」

連環阻礙

另一件事，是發生在他為一位客人睇家居風水之時，他不斷遇上阻礙，似乎是「有人」不希望他出手。

「有一次幫客人睇屋企風水，本來是一件正常不過的事，可是又有誰會想到，睇風水都會撞到正，甚至連的士都壞咪表？那次我為某公司的marketing高層睇家居風水。那天一上的士，一講完地址，的士司機的咪表一開就停，我已經感到有不妥，做風水當然信邪，第一時間就覺得是不祥之兆，是有點阻滯，正想下車之際，的士司機卻說無所謂，大約價錢就OK，於是照樣出發。」

途中易顯名突然感到非常肚痛，但不是要去廁所，只是單純的肚痛。

「我相信這是第二個警號，但我還是死撐照去，始終我答應了客人，不過我當時心裡就知道，事情一定有古怪，決定睇風水時不能亂講說話。去到該單位，睇完風水我就說，不如落樓下飲杯東西再傾。」

落樓後，易顯名師傅告訴該位客人，家中的風水有問題，而且有靈體。想不到該對客人夫妻即時承認，原來他們晚上在家中睇電視時，常常會發現身旁坐多了兩個『靈體』，更問可否幫他們捉鬼！」

易師傅在研究後，發現這是兩人的寃親債主，實在不宜處理，所以最後也拒絕了。

「這對夫妻還說，他們之前請了另一位風水師去睇，對方在屋內講了很多說話，又指示要如何改變風水，怎料即時中招，個嘴腫了兩個月，甚至講說話都不能，十分嚴重。」

所以他相當慶幸當時沒有亂說話。

「我不知道他們兩人和靈體之間有甚麼因緣，不過肯定是有業債的，只能說我因緣不夠，幫不到他們。」

高街鬼屋遇白衣女靈

© Bob Mocarsky, WIKIMEDIA COMMONS

香港百多年歷史中，有很多傳統的「鬼屋」，當中最出名的必定是西營盤高街鬼屋。從早年的醫院，到戰前的痳瘋病院，日據時又死得人多，期後成為精神病院，最後廢棄二十多年，再重建為社區綜合大樓。多年來那裡一直都有各種不同的傳說，更有人在相隔十多年前後，親眼見到同一個白衣女鬼！

鬧鬼勝地

高街鬼屋建於一八九二年，最初是一間醫院，之後改建成痳瘋病院，到二戰後又變為精神病院，據說曾經有不少精神病人在院內自殺，再加上戰時被日軍所殺的人，總之那裡就是死人無數，寃魂處處。

到九十年代，李居明拍的《大迷信》電影，更讓高街鬼屋成為熱門鬧鬼地方，隨後成為不少香港年輕人的探險地。九十年代末期，高街鬼屋曾經長期成為拍戲片場，據說當年張學友在此拍過一部電影，有工作人員在屋內見過白衣女鬼，站在一旁觀看拍戲。

探險遇鬼

九十年代初，我與一班同學因為看完《大迷信》，被這間大屋吸引，於是專程去西營盤探險！

當年西營盤還未有地鐵，一行人從中環步行去高街，到達時已是凌晨四時多，時值冬天，天色已漸漸灰暗起來。

那時的高街鬼屋仍然廢棄，任何人都可以自出自入，一行人從正門進入，只見大廳中的樓梯前，竟然是一個巨大的洞，望下去只見漆黑一片，眾人無法上二樓，於是就在一樓走了一圈，便準備離開。這時我回頭一望黑洞，竟見洞的斜下方，站着一名白衣長袍女子，臉無表情的與我對望，我不敢聲張，急急腳離開後，亦未有與其他人說出所見。

再度重遇

此後十多二十年，我都不敢再去高街鬼屋，就連西營盤也沒有去過，就算高街大屋後來改建成綜合社區中心，我也不願再到。

沒料到，我在十多年後已經三十多歲時會重臨高街，皆因新相識的女友就住在高街鬼屋斜對面的一幢大廈。過了這些年，我其實已忘記當年在高街鬼屋見到的白衣女子。

某晚凌晨十二時多，就站在女友家樓下，等她落樓去吃宵夜。當時我正在發呆，身邊突然出現一個身穿看更制服的阿伯，笑笑說這麼晚了站在這做甚麼，他望了一眼高街鬼屋方向，說了一句「小心呀！」就行開了。

我正感莫名奇妙，於是也望向鬼屋方向，竟然再次見到當年那個白衣女人，就站在高街鬼屋門前，仍然是臉無表情地望着這邊。

當時我與白衣女子的距離只有二、三十米，也顧不上等女友，即時回頭就跑，去到就近的一間麥當勞，人氣較旺才驚魂稍定。事後，我當然不敢告訴女友，只能盡量避免半夜再到高街。

吳四妹學生妹靈體倒掛車窗問路

香港馬路上的靈異故事很多，絕大部分都發生在屯門公路、吐露港公路等高速公路，但即使在普通的道路上，也有不少人經歷過靈異事件。大約二十年前，吳四妹駕車經過石硤尾一個分叉路口時，就親眼見到一個身穿校服的女鬼「過馬路」。

進入怪異空間

事件發生在大約二十年前，某個冬天的黃昏時份，吳四妹駕駛着一輛輕型貨車，剛剛在石硤尾某屋邨落完貨後準備離開。當她駕車到一個T字分叉路口時，正好遇上紅燈，於是她停車等候，準備轉燈之後就轉右駛走。

當她停車的一刻，突然感到一種奇怪的感覺，第一時間仍未反應過來，眨一眨眼，就意識到眼前的所有事物，突然失去所有色彩，所有事物都變成黑白色調。

同一時間，她發現正前方打橫的馬路上，突然企滿了「人」，他們有老有少、有男有女、高矮肥瘦甚麼人都有，但所有人都目無表情，臉色灰白，雙目無神地望向前方。

那段時間的石硤尾，雖然也算是人來人往，

但還未至於人山人海企滿人等過馬路，她當時已經感到情況怪異，只希望盡快轉燈就離開。

女學生閃現

當時她不敢望向正面，於是微微轉頭望向右邊，那知竟然見到行人路上，站着一個身穿校服的女學生，本來垂下頭，不知是否感到眼光注目，竟然抬起頭來，兩人正眼對望，女學生竟然開始過馬路，向着她的輕型貨車行過來。

吳四妹當時雖然感到奇怪，但電光火石之間也來不及有甚麼反應，這時剛巧轉燈，她二話不說就踩油轉右走人。在轉右的同一時間，她自然地望向右邊，就在這一刻，女學生突然高速地衝向她的輕型貨車，一閃之間就消失了。

倒吊問去邊

當時車輛正在轉彎，下一秒吳四妹就回頭望向前方，未有理會消失的女學生。這時最驚嚇的事情發生，那名女學生竟然在輕型貨車的左邊乘客位方向，以倒吊的方式垂下頭來望進車內，她憶述當時情況，不知何解在那一刻，女學生的樣貌非常清晰，甚至可以用清秀貌美來形容，只是灰白兼毫無表情。

就似是有心靈感應一樣，她感到女學生問她：「你去邊度呀？」但口卻完全沒有打開。

還未來得及作出任何反應，就連嚇得大叫也未嗌得切，車已經轉入直路，離開那個分叉路口，又是在突然之間，她眼前所有事物變回彩色，女學生也消失不見，從倒後鏡外望，剛才企滿人的路邊，竟然只有小貓三、四隻，完全沒有人山人海。

她見到的所有異像，就是發生在轉一個彎的少許時間之內。後來回想，她已完全想不起女學生穿的是甚麼樣的校服。慶幸的是，事後一切平安，並沒有再遇上甚麼怪事。

沖繩猛鬼酒店　滿房滴血無頭鬼

© Kzaral~commonswiki, WIKIMEDIA COMMONS

最多香港人喜歡旅遊的地方，必數日本。這次就講一個從親友口中聽來，關於在日本沖繩旅行期間，在酒店房內撞見超恐怖場面的靈異故事。

市中心酒店

這間酒店位於沖繩市中心最繁華的那條街上，是一間三星級酒店。他們一行四人，兩夫婦和十多歲的女兒再加一位女性長輩阿梅，從香港出發，本來應該訂兩間房，但由於正值旺季，所以最終只能訂到一間房，而且他們只要住一晚，之後就會搬去民宿，所以就準備四個人將就一下。

晚飯後大家回房沖涼睡覺，一切都十分正常，睡覺時三位女性齊睡在大床上，男士就打地舖睡地下，但不知何故到凌晨兩、三點，明明已經開大冷氣，睡在床上的三位女性都感到十分熱，簡直就似是睡在火爐上一樣。

女性長輩實在熱得不能入睡，便索性起床去飲水，回來時見另外兩人都好夢正酣，所以她就不上床免得弄醒她們，而坐到窗邊的一張櫈上，心想還有兩個多小時就要起身了，那就坐在櫈上睡吧！

驚見血異象

長輩坐下不久，就在半夢半醒之間，見到房內突然多了很多「條」黑影，而且會微微晃動，她抬頭張眼望清楚，竟見房內出現十多條吊着的黑影，就似是吊頸一般，而且全部都吊在床上。再看真一點，她發現這些黑影全部都沒有頭部，垂下的腳卻有些水滴般的物體，不斷滴落床上。

這位女性長輩當時還以為自己眼花，於是站起身往前想望清楚，終於發現從人影滴下來的，竟然是紅色的鮮血！而眼前整張床，竟然都被染上血紅色！

她即場嚇了一大跳，急急向後退，一個錯腳往後跌，就坐回窗邊櫈上，由於衝力較猛，後腦更撞上了牆，劇痛之下不禁叫了一聲，被弄醒了的少女忙問長輩有沒有事，這一刻，床上的人影和血滴全都消失不見。

她也不多說甚麼，靜待天亮後就急急叫所有人起身離開。而整晚睡在地下的男人，卻是完全沒有任何奇怪感覺，一覺瞓到大天光。

東堤小築紅衣女鬼 那些年的靈異往事

要講香港鬼故，不能不提長洲東堤小築。就算不是香港人，都會知道這個度假勝地，從八十年代尾開始，那裡最出名的除了租度假屋玩樂之外，就是極多的自殺個案。有關東堤小築的鬼故事，從九十年代開始就多不勝數，甚至拍過幾部相關電影。香港人去過東堤小築玩的話，絕對有靈異故事可以分享。

自八九年起

東堤小築的故事，都從一九八九年六月開始。當時的長洲東堤已是度假中心，一位三十多歲的女士和她十多歲的兒子到此租住度假屋，據說她穿上紅色唐裝衫褲和紅色繡花鞋，先殺死兒子，再在單位內吊頸自盡。從此時開始，東堤小築及附近一帶就時常傳出有紅衣女鬼出沒，有時會帶着兒子、有時孤魂一隻。

往後三十年，東堤成為香港的自殺「熱點」，在此也就不多數了，總之自殺、凶殺事件太多，近乎每一間屋都可能是凶宅，到後來根本就不會有普通香港人去東堤租屋住，有的也可能是專程去自殺，又或是近年有些人去靈探拍片。

後來有說，東堤小築很多屋都曾經重建，不少門牌都調換了，目的就是希望入住的人，不知道哪一間是凶宅。另一奇怪之處，是有關東堤小築凶宅的記錄，去到二零一零年後，就沒有太多更新，但其實這十年間，還是發生過好幾單自殺案，自殺者甚至不是香港人。

尋源探究

直到近年，仍不時有人研究最初的紅衣女鬼，到底是何許人也。

早年在電台靈異節目中，有嘉賓聲稱，紅衣女鬼其實是香港某知名公司老闆的第一任太太，傳說是因為丈夫有第三者，所以她以殺子和自殺來報復。更有傳說稱，當年不少長洲居民，真的有見過這位紅衣女鬼出沒，甚至傳說曾有居民被身亡小孩的鬼魂上身，不停說要找媽媽。後來，傳出有長洲居民請法師出手，既做了一場大法事，也翻新東堤小築該部分建築，並在自殺單位附近掘一個大窿，燒了一大堆禾稈草來火燒旺地，此後該對鬼母子就消失了。只是自殺事件卻似乎未有停止。

少年靈探

在長洲東堤小築成為自殺勝地之前，阿輝在九十年代初時，還是一個中學生，常常都會和朋友同學去離島租度假屋玩。在九二年暑假，中三升中四的阿輝差不多每個星期都會去離島，大嶼山去到爛，長洲也去過很多次，就連東堤小築也常常去。

當時東堤小築的紅衣女鬼傳說已是街知巷聞，但仍未發生太多自殺事件，不少學生和年輕人都是東堤熟客，但當年的資訊不如現在發達，雖說人人都知發生過紅衣女鬼自殺事件，但其實沒有太多人真的知道確實事發地點。

某個星期六，阿輝與朋友又到東堤玩，這次其中一個朋友誓神劈願聲稱，從親戚口中知道紅衣女鬼吊頸的真正單位位置，於是半夜時份，一行四、五人就出發「探險」。

朋友稱該單位是某幢度假屋的二樓，當晚看似沒有人入住，一班「死嚫仔」膽粗粗爬水渠上二樓，想從露台進入單位。阿輝和另外兩人，順利爬入單位露台，餘下兩人在樓下「睇水」。

三人從露台的落地玻璃望入單位內，只見一片漆黑，甚麼也看不到，而玻璃門亦上了鎖，根本無法打開。三人於是準備離開，其餘兩人正慢慢爬下樓之際，殿後的阿輝無聊地敲了幾下窗，就似是敲門般，這時他突然在一片漆黑中，見到屋內的房門打開，一點微微燈光下，他竟然見到一隻紅色鞋、紅色褲從房內走出來。

阿輝當場嚇到從二樓露台，縱身一跳直落地下，繼而連度假屋也不敢回去，跑出碼頭，最後就在碼頭等天光，坐第一班船離開。當晚幾位朋友也被他的「見聞」嚇怕，等到天光才敢回度假屋執拾，繼而交屋離開。不過，最後仍是沒有人能夠證實，究竟那間屋是否真正的事發地點。

鄭杞瑤
半山名校有間恐怖課室

香港歷史不算十分悠久，但過百年歷史的地方還是有很多，部分中西區名校更經歷過戰爭和動亂時期，不少就讀這些學校的學生，據說都曾在校內遇過古怪事。模特兒大賽冠軍鄭杞瑤，曾就讀港島半山列提頓道一間過百年歷史的傳統女校，更在校內遇上不能解釋的奇怪事情。

二戰遺迹

事情發生在這間古蹟中學，早在鄭杞瑤剛入讀的時候，就已經被陰森的歷史包圍。

「我入讀的時候，這間學校已經有很多年歷史，經歷了二次大戰時期，據說學校在日軍佔領香港時期，曾經是刑場和火葬場，雖然沒有如香港很多其他地方一樣被認為是亂葬崗，但校內真的有一個火爐，傳說是當年用作燒屍的，而旁邊的課室就是一個停屍間，也就是我讀中一時的課室。」

鄭杞瑤說這件事千真萬確，並不是學生之間的謠傳，皆因學校中有記載當年的歷史證據，甚至有二戰時期這間課室作為停屍間的照片。

怪聲頻傳

在這樣一間課室上堂讀書，確實難免有奇怪不適的感覺。

「那個火爐在我讀書時仍然存在，只是用水泥石屎封實，雖然課室經過翻新，但始於還是令人有不舒服的感覺，每次在這間課室上堂時，都總會感到絲絲陰寒，而且心中常常會想着，當年是不是有很多屍體放在這個課室之中？那些枱櫈的位置，又是否曾經被屍體佔據？總之就讓人十分害怕和擔心。」

有一次，當她去另一個課室上音樂堂時，不小心忘記拿東西，要自己一個人回去課室。

「當時我已經很害怕，總覺得有人在課室內，一直有聲音，當我剛好拿到東西時，突然就聽到一聲巨響，就似是有人突然想嚇我一樣，我四圍一望，根本甚麼也沒有跌過或移動過，嚇到我立刻衝出課室。」

當時雖然是白天，但天陰陰的沒有甚麼陽光。

「另一次是課外活動時，我和同學都在課室外，而課室內肯定是沒有任何人的，但我們所有人都一齊聽到，課室內有聲音，有時似是腳步聲，又似是有人在推枱櫈，但望入課室卻又完全見不到有人。」

鄭杞瑤還笑說，當年常遲到被罰放學留堂，也是坐在這個課室內，也不時會聽到座位前後發出各種怪聲。

「其實這些都不是秘密，因為所有曾經讀過這間學校的學生都知道。」

銅鑼灣猛鬼錄音室
七彩男鬼撞到正

在一般傳統情況中，若然遇上靈體，一般都是見到黑、白或透明的，但我曾經訪問過一位香港著名音樂人，他多年前就曾在其銅鑼灣錄音室中，遇上七彩顏色的男靈體。

© Cnbrb,WIKIMEDIA COMMONS

旺地舊樓

這位音樂人早年在銅鑼灣開設了一間錄音室，位置十分熱鬧，樓宇原本是一間戲院，後來改建成一幢商廈，大約在天后廟道和銅鑼灣道交界的交界。

「這件事有其他人見證，某一日我在這個錄音室工作，過程中突然見到我的一個朋友，他打開了錄音室的門探頭進來望，就似是想跟我打招呼，但最後又放棄，之後就出去了，我工作完後就休息了一會，走出去見到那位朋友，就問他剛才進來是想打招呼嗎？他說他是想進來打招呼，但他見到有另一位朋友剛剛進了錄音室找我，所以他就沒有進來。」

亦即是說，朋友見到音樂人和另一位「朋友」一同在錄音室中，但其實當時錄音室中，就只有音樂人一個。

混亂的臉

第二件事發生在控制室和錄音室。「這兩間房，中間是用落地玻璃隔開的，可以互望得很清楚。有時在工作中會需要拉電線，位置很近那塊落地玻璃。有一次我在整理那些電線，整理完後起身一望，見到一個穿白色恤衫、黑色褲的男人，但他的臉就似是一些水彩溝在一起、一片混亂的，他站在錄音室那邊，隔着玻璃正正對着我，我和他的距離只有一尺，中間就是一塊玻璃。」

音樂人當時非常震驚，嚇到退後了兩、三步。後來他更請了一位法科高人去處理，原來在那錄音室中，一直有一位白衫黑褲的男靈體存在，最後由這位高人處理好。不久之後，音樂人亦搬離那個錄音室。

石澳道 撞正麻甩鬼穿車而過

© Prosperity Horizons,WIKIMEDIA COMMONS

馬路或公路上的鬼故有很多，不時都是發生在駕駛者身上，一颷而過，場境可以很驚嚇，但可能都是一秒半秒，時間不長，也未必會有甚麼直接「接觸」。不過這個發生在香港著名音樂人身上的親身經歷，卻就有點不一樣，皆因靈體竟然和駕駛者有「親密接觸」。

夜遊車河

著名音樂人早年留學外國，某年放假回港，與朋友們一齊駕車遊車河，某晚就駛向了石澳道。

「那晚我們幾個男性朋友出去玩，有朋友在石澳住，由他駕車，我就坐車頭（副駕位置），後面坐了另外幾位老友。由柴灣去石澳，必定經石澳道，有幾段是直路，我們去到其中一段直路，也只是一般速度，不算很快，我一直向前望，突然間見到馬路中心有一個人形物體，站在行駛中那條線的中間阻路。」

猛鬼公路

車一直行前行，他開始覺得不妥，當時也沒有意識那是靈體，只怕是精神有問題的人。

「車駛到很近的時候，我個人就一直縮，因為自然反應是驚撞車，記得我當時望向旁邊駕車的朋友，他卻完全沒有反應，繼續駕駛又沒有減速，直至很近很近很近的時候，我見到那是一個男人，一個四十多歲的中年男人，他的眼神很嬲，小小垂下頭望上來看着我，直到車撞上他，這個男人就穿過擋風玻璃、再穿過了我，當時的感覺有點類似觸電，也有一點冷冰冰的感覺，維持了十份一秒的時間。」

事後，他即時問旁邊駕車的朋友，有沒有到有個麻甩佬在路中間，可是其他所有人都看不到。

石澳道本來就是一條猛鬼公路，不少人都曾經在駕駛時遇上靈體出現。

導演不信邪 靈體親口問候

不論拍劇拍戲，香港娛樂圈很多時都有各種禁忌和儀式，絕大部分人都會跟從「規矩」照做。開鏡拜神就是其中一項必做儀式，其次就是很多時出外景拍攝，都會在現場進行簡單拜祭儀式，上香及燒一些金銀溪錢，向該處的靈界朋友打招呼，就算是西方宗教的信徒，不上香也會誠心祈求拍攝順利，無論如何都不會阻礙這種儀式。

不過，這個世界總會有人不信邪，又或者自認膽大包天，只信自己，認為這些儀式都是迷信或擾人心智，但若真的遇上靈異事件，最後都可能會嚇破膽。

血氣方剛

話說約三十年前，某電視台攝影隊到新界一處樹林拍攝外景，正當工作人員準備燒香拜神之際，一位剛從外國讀完電影回來的導演，竟然出聲阻止拜神，聲稱這種儀式容易導致火災，若現場各人真的要繼續拜的話，他就會向上級投訴，言語中更是充滿蔑視。

現場眾工作人員中，有老前輩上前勸阻，無奈這位血氣甚剛的導演完全聽不入耳，堅決不讓其他工作人員拜祭。眾人無奈之下，只好即場開工，但拍攝過程中卻遇到極多阻滯。首先是收音無故失靈，明明試咪時一切正常，但正式拍攝時卻完全無聲，樹林中本來安排了一塊假石頭，放好位置後竟然自行滾落另一邊山坡。

威脅攞命

如是者幾個小時，現場工作人員都知道那是因為無拜神而出事，為免出現更多問題，就有幾位老行尊拿香和溪錢，走到遠遠的一旁，準備自行上香，可是該名導演竟然神色十分凝重地慢慢走過去，眾人以為他又想阻止拜祭，那知導演竟鐵青着臉，一言不發的拿了三枝香，四面拜拜之後插在地下，再一聲不響的走開。眾人見狀當然即時進行儀式，之後的拍攝過程才算順利。

事後，該名導演一直不肯說出為何轉軚，直到多年後才酒後吐真言。原來當日拍攝不順，他坐在一旁等待期間，耳邊忽然傳來一把厚重的男人聲：「嚫仔！你咪咁寸喎，信唔信我攞你命吖嗱！」他即時嚇到彈起，望望四周，根本半個人都沒有，剛才的聲音卻在耳邊出現，講的人絕對沒可能即時消失！

據說，此後這位導演都會和其他工作人員一樣上香拜祭。

北角睇樓撞正馬姐鬼

放工睇樓

某個下午，一位熱衷投資樓市的上司，叫舊同事A放工後陪他去睇樓，這位上司當年專買唐樓、舊樓，炒賣之餘遇着合適單位，也會間劏房出租以作投資。那天他不知何故邀請A同行，更說如果適合，也可以夾份投資。

A當時心想「有鬼錢咩」，不過放工又無特別事情，也就陪上司一齊去，反正公司在鰂魚涌，去北角也只是五分鐘車程。於是兩人在下午六時半左右出發，大約七時前就去到北角一間街坊地產舖。

五十年代裝潢

誰知一到地產舖，他們就被疑似是老闆娘的地產阿姐鬧，「有冇搞錯，咁夜先到，七點半前一定要睇完呀！天黑我即刻走㗎！」上司笑着說對不起，也不見有任何特別反應，A心諗「究竟乜料」，但原來要睇的樓，就在這間地產舖樓上。那是北角一幢舊樓，沒有電梯，近年那裡地下全是食肆，非常興旺，但在九十年代，樓下甚麼都沒有，而且人流稀少。

三人行上五樓，一打開單位的門，眼前就似回到五十年代的感覺，所有裝修都是那幢樓當年剛剛建成的樣子。三人進入單位後四處張看，A從大廳行到其中一間房，只見床上坐了一個婆婆，身穿馬姐衫面無表情，定神望着窗外，對他們三人來睇樓似乎全無反應，而上司和地產阿姐，就一直在廳、廁所和廚房來回走動，還大大聲在講價。A見房中有人，也不好意思進去，只是望了一望就算。而這時仍有陽光入屋，還未天黑的。

急急走人

大約十五分鐘後，天色開始轉暗，這時地產阿姐催促說：「睇完未？睇完快啲走啦！」說完就即時離開單位，行樓梯離開，完全不理餘下二人，只大聲叫他們走時記得關門，A和上司於是也緊隨離開。

到樓下地產舖，地產阿姐還是不斷說不該這麼晚去睇樓，「下次過了六點不上去呀！」這時A不經意地問，究竟為何要那麼趕，反正屋裡的阿婆都沒有出聲，也沒有趕人走。

地產阿姐聞言即時面色變青，更趕兩人離開，說她要趕收工，但地產舖又怎麼可能七時收工？出門口行到街口，上司問A是否真的見到有個阿婆？A還仔細形容阿婆的樣子。

這時上司才說，他完全沒有見到任何阿婆，而這間屋的前前業主，卻真的是一位馬姐，在這間屋離世後由侄仔繼承，已經轉過一手，他也不是第一次上去睇，只不過上次去睇時感到有點心寒，所以才叫A一齊去。

事後，上司還是買了這個單位，繼而裝修成劏房出租，至於屋中是否有前主人在，對投資客來說根本不重要。

靈堂戲總係有古怪
假車頭相惹真鬼跟身

這次也是講述片場鬼古，不過就不是發生在片廠，而是發生在一個真實的場景。話說九十年代初，香港電影市場極為興旺，除了在香港拍攝之外，也會到東南亞各地拍戲，這次是一套關於四大探長的電影，取景地點是新加坡一間寺廟。

寺廟變靈堂

這是一個電影幕後工作人員的親身經歷，話說九三、四年左右，當時他正參與一套四大探長的電影拍攝，其中一幕重頭靈堂戲，於新加坡的一間寺廟拍攝，事前就由道具工作員把場地布置成六、七十年代香港靈堂的模樣。

該寺廟的旁邊，平日其實是真的靈堂，陰氣本來就重，但拍攝的幾日期間，由於人氣非常充足，所以完全沒有發生過任何怪事。

該場戲是其中一個主角的葬禮，所以就用了一張該明星的相片扮「車頭相」，拍完之後，為免之後會重用，這位工作人員就把這張「車頭相」帶回香港。

晚晚夢見「遺照」

怪事就在這之後發生，這張「車頭相」一直存放在電影公司倉庫，但工作人員回港後，每晚發夢，夢見自己身處那個靈堂片場，而「車頭相」中的那位主角竟然不斷向他招手，更對他說：「返嚟啦！返嚟啦！」

工作人員本來不太害怕，皆因這位主角明明在生，只是拍戲扮死，沒理由會成為靈體，但這個夢不斷發生，持續了兩個多星期。

某天他又為這部電影開工，遇上當日在新加坡負責道具的手足，兩人本就相熟，傾談間他就說出了這件古怪事。

不要把東西帶走

那知道具手足聽完之後，即時臉色發青，十分緊張的說：「可能是因為你拿走了那張相。」

原來當日在寺廟搭景的時候，該寺廟的主持曾經對道具手足說，那處地方是真正的陰地，也真的有不少靈界朋友存在，而且又是拍靈堂戲，肯定會惹來不少靈體，建議拍完戲之後不要帶走任何物品，要留下來讓他們燒了會比較好。

工作人員聽完之後，終於明白這件事的來龍去脈，於是在拍完戲後，親自帶了這張「車頭相」回新加坡，請該廟的主持化掉，事情才告一段落。

不過，該位相中男星倒是一直都不知道這件與他有關的靈異事件。

新光戲院神秘事件

從來喜歡聽鬼古、看靈異傳說以至研究傳統習俗的人，都一定會聽過、睇過一些關於粵劇、神功戲的禁忌以至各大戲院的鬼故事。不過，可曾有人聽過，由粵劇名伶們親口講述各種關於粵劇的禁忌由來和靈異故事？

有緣看到《粵劇靈》這套電影，當中有齊各種元素，盡解箇中玄機，甚至有些難得一見的畫面，絕對是珍貴的記錄。

回憶當年

傳說中，開演神功戲前一定要演六國大封相，是讓陰間的朋友觀看的，但究竟原因是甚麼？為甚麼靈體睇完六國大封相就一定會平平靜靜呢？

新開戲的舞台，都要進行一個祭白虎的儀式，究竟過程是怎樣？又是如何解釋舞台祭白虎的意義呢？

電影中記述了一些當年往事，已經消失無踪的香港戲院、街道典故和靈界故事，李居明師傅甚至親身帶觀眾遊覽香港的一些靈異地點。

電影中最特別的，是請到多位粵劇名伶大佬倌們，親身講述他們遇過的靈異事件，相信就只有李居明師傅有這樣的牙力，可以請得動他們對着鏡頭回憶當年講鬼古。

《粵劇靈》中最重要的一部分，就是說到有五十年歷史的新光戲院，原來戲院中竟有神秘地道，劇院之上更一間專為一位粵劇紅伶保留的房間，裝修家具幾十年來從來未曾改變，就連睡牀都仍然保留。

李居明師傅也在電影中承認，到新光戲院睇戲、睇粵劇的觀眾，大都上了年紀，所以曾經有過多次，觀眾在坐位上失去知覺，要急召救護車送院的事。

布幕自動

幾年前，我也曾在新光戲院內，親身經歷過一件怪事。話說當時正值夏日中午，一位娛樂圈前輩正在新光綵排，我和攝影師入戲院採訪，當時整個戲院內，就只得三個人，前輩站在舞台中央，攝影師就在觀眾席影相，我則站在舞台左邊的布幕後。

正在拍攝時，攝影師突然遠遠大叫，叫我離開舞台，當時我只當是自己站得太前入了鏡頭，於是轉身一望，卻發現身後的布幕竟然自行郁動，要記得當時完全沒有其他人在場，更沒有開門，而布幕非常之重，一個人也可能無法拉動，但我當時見到布幕是大幅度移動，就似有兩個人前後拉動似的。我當即連跑帶跳，急急腳從樓梯跑下觀眾席，再回看時布幕卻是紋風不動。後來問起攝影師，他當時就是見到布幕突然動起來，才叫我趕快離開。

娛圈老行尊 靈異傳說話當年

一位電視台老行尊回憶當年，想起曾有兩件發生在八、九十年代，曾經一度被廣傳的靈異傳說，分別發生在商台和清水灣電視城。

誰人帶路

商台歷史悠久，這是一個發生在八十年代中期的鬼古。話說一個剛畢業的大學生，有一天收到自稱是商台職員的人來電，請他在某月某日的下午五時，到商台見工。

這位畢業生有點摸不着頭腦，因為他清楚記得並沒有寄信去商台應徵，但他又真的正在求職，於是就依時到商台見工。

當天四時半左右，他去到商台門口登記，一切皆十分順利，登記後不久，就有一位衣着古典，甚有六十年代風格的女職員現身，帶他上樓面試，去到一個辦公室的門外，女職員請他坐在門外等待。

怎料一坐就是大半個小時，既沒有人出來叫他，甚至沒有人行過辦公室門口，他有點不耐煩，於是就從門縫看看辦公室內部情況，奇怪的是，房中一個人也沒有，而且似乎正在裝修，放着各種工程用具和梯子等等。

初出社會的他十分老實，於是又繼續等了半小時，才終於決定落樓離開，順便找人問一問，最後他走到正門接待處，想找剛才帶他去見工的那位小姐，誰知他遍尋不獲，既沒有要跟他面試的人，也找不到帶他去見工的那位小姐，甚至連他剛才簽名登記進入的紀錄。他找出打電話叫他去見工的電話號碼，竟發現是六十年代的舊號碼，早就沒有再用。

最後事件也就不了了之。

民初裝入法庭

另一個關於清水灣電視城的鬼古，發生在九十年代。當時正拍攝《壹號皇庭》，於是電視城內就建了一個法庭場地。

某晚凌晨準備開拍前，一位助導正忙碌地處理各種事務，其中一件事就是叫一班臨時演員進去法庭坐好，扮演旁聽席上的路人甲。

由於當晚拍的也算是大場面，所以有很多臨時演員，正當她安排好所有人坐定之後，回神一望，竟然發覺最旁邊的角落，坐多了三個臨記，遠遠望過去，那三人竟然身穿民初唐裝。

電視台工作人員一般都十分火爆，明明是現代法庭戲，為甚麼會有三個穿唐裝的臨記出現？她當即爆粗指着那三人大罵：「仆X你老X，壹號皇庭呀！着乜X嘢唐裝呀！即刻同我走X開啦！」

誰知這三人就在她眼前即時消失！據說當時有不少臨記親眼見到，事後現場立刻上香拜神，拜祭後當晚拍攝極度順利，所有演員都如有神助，更比預期早收工。

該位助導之後仍然繼續在電視台工作，倒是沒有再遇上甚麼怪事。

前港姐借衫借到撞鬼

這是一個關於前港姐的靈異故事，事緣是她喜歡問朋友借衫，最後竟然因為借衫而借到撞鬼。C小姐早年認識一位前港姐A，那些年A仍未參選兩人已認識，也十分老友，A常常會到C的家中借靚衫出街，本來一直相安無事，但事件就由C的母親逝世講起。

入房揀衫

「某一年我住進干德道一個單位，當時我媽媽已患上癌症重病，因為想方便送她去醫院，所以就讓她搬來我家。干德道的單位頗大，我和丈夫睡客房，讓了主人房給我母親。當時她已是彌留的一段時間了，我的一位好朋友A，那時剛剛入了娛樂圈，從她當選到出道，都會問我借東西，我也會借衫給她。」

「有一日下午，她來干德道的單位借衫，我就叫她去我的房自己揀，因為當時我正在廚房煲湯。當時我母親在房內睡覺，她就自己入房揀衫，也有跟我的母親打招呼。我媽咪當時有點頭回應，之後她就拿了兩袋衫離開。」

借衫要還

C小姐的母親，在那次借衫事件後大約兩個星期後離開，在她過身後不久，C也由干德道搬了去清水灣。

誰知搬屋之後的第一晚，C在家中收到A來電，互相問候之後，她就說之前自己大病了一段日子，至康復了就想約她吃飯。

「晚飯期間，她把兩袋衫還給我，原來之前她病了差不多兩個星期，西醫不成、中醫也不成，常常感到很暈、不清醒，有一次睡覺時還聽到有人有背後說話，拍她的膊頭。她的母親也覺得很奇怪，就是就去了問米，一問之下，問米婆說原來是她的女兒借了人的東西不還，一定要把東西交還！」

於是A就想到，是借了C的衫未還，於是就約了她出來還衫，事後更要飲符水驅邪，更去了燒街衣。

「她急急把衫還了給我之後，就慢慢康復了。當晚我拿了那些東西回家後，我拿了那些衫出來看，一邊看我就一邊喊，就在這個疑幻似真的情況下，我見到我阿媽，從我的房行出來，行了幾步後停下來望着我，對我說不用喊，又說傻女沒事了不用喊，之後就似是一陣煙般消失了。」

「我曾懷疑那是不是我發夢，但我相信是真的，因為我當時全臉都是眼淚，肯定沒有睡着的。」

九龍城掾骨靈異經歷

香港人喜歡去按摩掾骨，不少人疫情前更會去深圳過夜，有時也會光顧香港各區的按摩中心，當中又以九龍城最為旺場 因為租金相對便宜，也有不少泰籍人士聚居，所以不少泰式按摩店都在附近開舖。這是一件發生在九龍城區內一間按摩院的靈異事件。

牆角身影

按摩場所為了讓顧客放鬆心情，通常都會較為陰暗，這就是為甚麼很多時按摩中心都比較容易惹陰，但相對來說，香港的按摩中心都比較清潔乾淨，傳出的靈異事件實在不算多，以下是阿強的親身經歷。

阿強居於樂富，從小到大常常到九龍城，可說是地膽一名。由於從事地盤工作，所以他常常會去掾骨按摩，更會專找泰式按摩店的師傅，皆因他總覺得泰式才能真正做到「全身舒暢」，而九龍城正好是泰式按摩店的集中地，阿強可說是去勻區內所有泰式按摩中心。

疫情前，阿強差不多每個星期都會去掾兩次骨。某個周末晚上，他又如常去九龍城一間相熟的按摩中心，由於他早已幫襯過無數次，所以一入門口，就被安排進入一間單人房，也不用更衣就躺上按摩床，等待技師進來。

正當阿強等到差點睡着，房門傳來聲音，有人推門，阿強抬頭一望，卻見房門沒有打開，但房內一角就站了一個技師打扮的女性，正背向房間似乎正在準備開工。

阿強不以為意，又再躺下，但心中突然出現奇怪感覺，皆因這個身影，與相熟技師完全不一樣，明顯較為纖瘦，他抬頭再望，卻發現房內根本完全沒有他人。

不幸離世

阿強初時還未有想太多，但後來發現，他每次去這間按摩店時，都有類似的情況發生，他終於想到可能是靈異事件，於是就不再去這間店。

大約一年之後，阿強在九龍城另一家按摩店遇上他之前在撞鬼店認識的相熟技師，技師一見面即熱情地打招呼，也問他為何不再光顧。

阿強如實相告，道出他在該店遇上的怪事。這位技師竟然說出真相，原來店內不少顧客以至員工，都曾經見過這一幕，就是突如其來在房內，出現一個女人的身影面看牆角，既嚇到一些顧客，也讓其他技師相繼離職，最後這間舖也宣告結業。

據這位技師稱，原來該舖曾經有一位泰籍技師，有一次回鄉探親時不幸遇上交通意外離世，不久之後店內就出現靈體，所以相信是這位技師回來「開工」。

拜祭已故偶像 亂說話惹鬼跟

去拜山，千萬不要亂說話，這是老一輩的告誡，不過總有人不信邪，或是總有人說話不經大腦，認為只是講話，不會因而產生問題。不過，對於靈界朋友來說，可能就不是這麼一回事。

露台有個女人

事發在二千年代初，當時三十歲左右的阿發，和太太、女兒及母親，一起居於九龍某舊式公共屋邨，單位內有兩間板間房，廚房和廁所在露台位，是很典型的香港舊式公屋。

這個單位阿發由細住到大，幾十年來都平安無事，從來沒有任何靈異事件發生過。直到某年秋天，他的四歲女兒突然在半夜醒來，夢遊似的走到廳中間，指着露台位置說：「出面有個姐姐呀！」阿發太太於是走出來看，只見露台空空如也，根本沒有「姐姐」在，也就不當一回事，抱起女兒就回房繼續睡。

那知到了第二晚，阿發母親凌晨四點半起身準備去晨運，行出露台準備去洗手間時，竟然見到一個不認識的女人，站在露台一角，發媽吃了一驚，即時去開燈，但轉眼之間，那個女人已消失不見。隨後的一晚，就連阿發太太也見到這個突然出現的女人，一家人都感到情況似乎不太妙。

耳邊女人聲

全屋唯一的男人阿發，雖然見不到露台的女人，但那幾晚就不斷聽到一把女人聲，在他的耳邊說話，無奈卻是始終都聽不清楚到底她在說甚麼。之後情況越來越嚴重，阿發每晚大約兩點鐘，就會被那把女人聲叫醒，讓他「無覺好瞓」。

發媽經過街坊介紹，找到一個問米婆問事，怎料發媽一見到這個阿姑，阿姑就說出其家中有一隻女鬼在，是阿發惹回家的，皆因他曾經答應對方做一些事，然後建議發媽只要做一些法事，在家中貼些符，再燒些金銀衣紙就可以解決。

拜山亂說話

發母回家向阿發了解，阿發想了一會，終於說出當中原因。原來早兩個星期，他和同事去了龍蝦灣燒烤，當中有朋友帶路，幾個人去了附近的湛山寺參觀遊覽，過程中有人發現，原來一位香港著名的已故女演員，其牌位就設在湛山寺，這位女演員是阿發童年時的偶像，當年自殺身亡。

向來口花花的阿發衝口而出，說如果自己早生二十年，就可以娶這位女藝員為妻，更歎息地說為何她這麼早離世，又說她真的很漂亮等。當時在場的朋友都叫他不要亂說話，無奈話已出口，也是收不回來。

事後，阿發一家就再也見不到露台的女鬼，他也可以一覺睡到天光。但問米婆也提醒說，叫阿發以後去寺廟或拜山時，千萬不要再亂說話，這次女鬼也沒有惡意，更感到他是一個小粉絲，所以就輕易放過阿發，否則事件其實可大可小。

粵劇女鬼無聲唱歌

近年香港不少公園，都出現大批愛唱歌跳舞的大媽，可能會有人認為，這麼多人又嘈吵的地方，相信不會有甚麼靈異事件吧！這樣就錯了。以下是一個將軍澳居民的親身經歷。

公園唱歌

阿玲居於將軍澳多年，算是較早一批搬入去的人，從小學開始就一直居於該區的居屋屋苑，直到大學畢業後仍然居於該處，非常熟悉附近一帶的環境。

其居所雖然在十樓，但同一條馬路的距離，就對正一個大型公園，早年還算安靜，但近十多、二十年，每朝、每晚都有不同人在唱歌跳舞，有時可能比較嘈吵，但她也還算習慣，並沒有太大影響。

大約十年前開始，阿玲開始每晚十一時左右，都會落公園跑步，通常在這個時間，這些在公園唱歌跳舞的阿姐阿哥都散了大半，但還是會有一些人，這讓阿玲跑步時比較安心，所以在阿玲心中，晚上有人在公園唱歌跳舞其實是一件好事，有時候她跑步遇上熟口熟面的人，甚至會打個招呼。

粵劇老倌

大約是一五年夏天的一個晚上，阿玲如常去公園跑步，只是奇怪那晚人流稀少，只不過是十時多，公園內就已經完全見不到任何人。

她也沒有理會，繼續在公園內跑步，直到一個有樹蔭遮頭的棚架和座椅位置，這處平時正是一些唱歌阿姐的舞台，阿玲遠遠就見到有一個頭戴粵劇頭飾，身穿整套粵劇衣裝的女人，站在棚架下做着粵劇做手，而且咀郁郁似是正在唱歌，阿玲越跑越近，心中開始覺奇怪，皆因該名粵劇女子雖然似是在唱戲，但卻丁點兒聲音都聽不到。

阿玲以正常跑速在該女子前面跑過，盛夏之中竟然感到陣陣寒意，她心中其實已感不妙，於是頭也不回直跑而去，再跑多半個圈去到公園出口，就決定離開回家。

平常她可是會跑三、四個圈的，所以回到家，她的母親就問她為甚麼這麼早回家，繼而就說那晚是農曆七月初一，早點回家也是好的。阿玲那一刻，十分肯定剛才見到的粵劇女子，絕對不會是人。

公屋鬼古 凌晨三時的高跟鞋聲

這是一個居於沙田某H型公屋，阿文二十年前的親身經歷。

香港的公共屋邨有很多不同的建築結構，於八十年代建成的，最多就是井字型和H型。井字型由於其得天獨厚的「中凶」設計，三、四十年來常常發生跳樓命案，倒是H型公屋就向來較少古怪事。

路過女鬼

阿文由細到大都與家人居於沙田H型公屋單位，向來相安無事，直到他十多歲時，開始每晚聽到古怪聲音。公屋單位都有向着走廊的通氣玻璃百葉窗，睡在上格床的話，百葉窗就在床邊，躺在床上可以見到整條走廊。

文仔正是睡在這樣的位置，每晚凌晨三點，窗外走廊都會傳出非常清晰的高跟鞋聲，一步一步由電梯口走向走廊尾，最初文仔只當是鄰居夜歸，並無理會，但漸漸發現，每晚都是凌晨三時有高跟鞋聲，於是他就輕輕打開百葉窗觀看，卻發現整條走廊根本完全無人，而高跟鞋聲亦突然消失。

後來阿文得知，走廊尾那家人的一位女成員，早前意外身亡，其家人事後卻全部搬走，或許正是她回來尋找親人不果，於是每晚都在走廊行過。

超恐怖兒時驚嚇回憶

這是阿權兒時的回憶，當中涉及一些電台鬼古、家居環境和疑幻似真的經歷。相信不少喜愛睇鬼故事的朋友，若果年齡有三十多歲以上，應該都有聽過一個電台節目叫《疑幻疑真》，阿權當年聽的時候，是由美女周美茵做主持，某個深夜，她就講述了一個鬼古廣播劇。

我要報仇

鬼古情節其實有點老套，話說某一對年輕夫妻，居於一個私人屋苑的細單位，後來二人情海翻波，男方認識了小三，要與髮妻離婚。兩人經歷了多次爭吵，男方始終不願回頭，就在一次激烈爭吵之後，女方一時想不開，非常衝動地衝出單位，繼而搭電梯上了該大廈的天台，一躍而下跳樓身亡！

自此之後，這幢樓就開始鬧鬼。每晚去到凌晨十二時之後，兩人居住的樓層電梯口走廊，就會有一把模糊的聲音出現，是一把若有若無的女人聲，不斷講着「我要報仇！」。

起初仍不是每個人都聽到，但漸漸整層樓的人，都開始聽到這把聲音，甚至有人從防盜眼望出去時，竟然見到那位跳樓身亡的女士，在走廊電梯口不斷來來回回地走來走去，口中唸唸有辭，就是在講「我要報仇！」。

原來她的丈夫自她身亡後，就即時搬離該單位，此後都沒有再回來，估計是女鬼一直找尋丈夫報仇，可是一直無法找到他。

不過，最後在機緣巧合下，丈夫返回該單位收拾物品時，因為各種意外無法在十二時前離開，最後被女鬼捉個正着，在單位內被嚇死。

這個故事非常有八十年代做壞事必有惡報的風格。

戲院門口紅衣女鬼
果欄大佬一喝救命

戲院，從來是鬧鬼傳說最利害的地方，就算是已經倒閉的戲院，也會有各種傳說出現。果欄附近的油麻地戲院，曾經是盛極一時的人氣旺地，後來也經歷過放映成人電影的歲月，最後在一九九八年停業，近年就成了戲曲活動中心。這個故事發生於二千年代初，正值戲院廢棄的年代。

凌晨路過

話說當年有一位經營生果舖的阿叔，每天凌晨三、四時就會去果欄入貨。某個半夜，他如常去到果欄附近，落車之後就步行往果欄，當時天還未光，四周仍是漆黑一片，但遠處果欄已經開工，燈火通明之餘也有不少人行走，也算是熱鬧。

正當他行經這間已停業的戲院時，突然感到一陣奇怪，為甚麼會聽到戲院中人聲嘈雜，就似有幾百人在內傾談一樣。

好奇心驅使之下，他停步望向門口，竟然見到戲院大堂內人頭湧湧，似乎正等待着開場，但奇怪的是，每個人都背向着阿叔，所以他完全看不到人臉。

阿叔雖然感到古怪，但也沒打算再看，一個轉身就準備向果欄繼續前進。

旗袍女鬼

怎料阿叔一回頭，就在兩、三個身位之外，出現了一個身穿紅色旗袍的女人，阿叔一看就知道是鬼，皆因紅色旗袍女只是一張紙，完全沒有厚度，而且其面容一片模糊，就似是一張水墨畫化開了一樣。

阿叔嚇了一跳，回身就想跳入戲院，感覺起碼人氣較多，誰知他竟然一頭撞上鐵閘，剛剛才見到戲院大堂內燈火通明，這時卻是完全關門的狀態，紅色旗袍女鬼就似是感應到阿叔的聲音，開始向着阿叔的方向飄過來。

就在阿叔嚇到腳軟，在叫不出聲又行不到路的情況下，紅衣女鬼突然消失，阿叔同時聽到背後一把粗壯的聲音大喝：「喂！咪X阻住條路啦！」原來是一位紋身大漢推着一架手推車正前往果欄。

此後，阿叔每晚都盡量避開，不在這間戲院門口經過。

© HomHon Lung,WIKIMEDIA

屯門鬼屋夜遇白衣少女

二、三十年前，香港各區都有不少鬼屋，那些都是鬼屋而不是凶宅，例如在大埔、元朗以至灣仔及中上環一帶，都有一些廢棄的古老大屋，沒人居住之餘，年深日久更是早成廢墟，當中位於屯門的一間鬼屋，就曾發生過這樣的一些靈異事件。

廢棄大宅

事件大約發生十多、二十年前，五十多歲的文叔一個人入住寶田中轉屋，第一個星期的某晚，百無聊賴的他深夜落街四圍走走，既是想熟悉一下附近環境，也是悶極無聊當作散步排遣寂寞。

夜深人靜之際，文叔從興富街向電塔方向走，由於他從來未行過這段路，於是就想走到盡頭，看看有甚麼特別之處。

一邊行一邊睇，他見到路的兩旁，稀稀落落的插着一些燒完的香燭，文叔也沒有想到甚麼，繼續行了十分鐘左右，就在盡頭處見到一間廢屋。

不知這間兩層高的屋究竟廢置了多久，只見花園中雜草亂生，地上散滿溪錢陰司紙，門窗全數被打爛，遠遠望入去，只見漆黑一片。

文叔也不敢走進去，只是在屋外望了一會，見沒有甚麼正準備離開之時，不知何故，他突然感到背後有人，他自然反應地回頭一望，竟然見到一個全身穿着白衣的女子，感覺非常年輕，約是十六、七歲，但由於環境甚黑，他無法看清其樣貌。

踩玻璃痛醒

文叔也算是見多識廣之人，即時感到眼前的情況並非尋常，只見白衣少女竟然舉起手，向着文叔的方向揮手，但對象卻又不似是向着文叔。就似是有一種誘惑力，文叔竟然不自覺地邁步走向廢屋，或許真是命中不該有劫，他一腳踩在一堆碎玻璃上，雖未至於插穿鞋底，但他就一痛即醒，抬頭再望，白衣少女已經消失不見，之後文叔都未有再行這段路。

其實這間屋之所以會鬧鬼，是有一段不為人知的傳說，雖然未經証實、也相信永遠無法證實傳言。

據說當年大宅的主人是一個外籍家庭，也居住了一段長時間。但在七、八十年代時，主人正值少女時期的女兒在屋內為情自殺。事後這家人離開了香港這個傷心地，大屋亦漸被荒廢，後來就不時傳出鬧鬼。

觀塘傳媒影樓 女鬼長駐會講嘢

在傳媒工作多年，得知各大公司都有靈異傳說，不過大都不太方便講出來，始終還是有很多朋友行家在工作，既是避免有人害怕，同時也不想某些事情曝光。

近日就有一間傳媒即將搬寫字樓，不少曾在此工作過的傳媒朋友，都知道那個舊寫字樓，一直有一隻女鬼存在。

黑暗影樓

這個傳媒位於觀塘，在同一座樓宇多年，其中一層是大部分位置是寫字樓，其中一個角落位，就間開成一個影樓，由於拍攝需要，影樓完全沒有窗，即沒有陽光可以射進來。

早在這個影樓開設以來，就不時有人遇上怪事，例如物件會無端消失，直到幾日後又突然出現在當眼位置，又試過門口突然鎖死，甚至要驚動外面的同事，爆爛門鎖才能進入，而那些壞燈壞咪的事，就更是無日無之。

直到後期，有自稱能見到靈界的職員，就聲稱影樓內一角，其實長期有一位女靈體存在，通常就只是站在一角，但有時也會突然站在影樓中間，似乎是想看看影樓中的名人明星受訪者。

傳說如此，但真正見過的人其實也不多。

問題少女

一位曾在此傳媒機構工作的攝影師，就曾經有這樣的經歷。

話說某個早上，他一個人要返回影樓準備拍攝事宜，由於時間尚早，整個寫字樓和影樓空無一人，就只有他一個在整理設備，正當他在那個盛傳有女鬼站着的角落附近整理電線時，突然清晰地聽到一把少女的聲音，低沉地在他耳邊說了一句：「你喺度搞乜呀？」

雖然他早就聽過女鬼的傳聞，但心想日頭白白，理應不會有問題吧！他亦非常肯定，當時附近絕對沒有其他人，這一下當然嚇了一大跳，也顧不得繼續工作，即時跑出寫字樓有陽光的位置，等到其他人回來，才一同進入影樓。

事後，他也不敢四處告訴同事，直到一年多後，他離職去了另一間傳媒工作，才說出這件事。

九龍灣屋苑 女鬼晚晚敲門

香港土地問題嚴重，能夠找到一個簡單舒適的居住空間可說並不容易，不少年輕人都想擁有自己的獨立空間，所以一些超小型單位，從來都有價有市。

早在現時那些劏房式單位出現前，香港就有一些二百多呎的單位，早年極受單身人士及情侶歡迎，剛剛搬出來住的話，很多時都會租住這類單位。這個故事就發生在九龍灣一個以小型單位多見稱的大型屋苑。

戲院樓上那幢

時間大約是二千年代初，阿May大學剛畢業，在九龍灣工業區找到一份不錯的工作，於是決定獨自搬到該區居住，而九龍灣就正好有一個屋苑，單位都是二百多呎細單位，租金也是她能夠負擔的，於是她就膽粗粗決定一個女仔搬出來住。

這個屋苑在當時已經有廿年歷史，樓下商場早年更有戲院，後來變成了桌球室。阿May就正正是入住這個位置樓上那座，單位當時剛剛新裝修，而且包齊近乎所有傢俬，東西亦非常新淨，就似全新一樣。阿May睇樓時一見這個單位就十分喜歡，很快就搬入單位居住。

中層開揚單位

阿May的工作並非朝九晚五，有時晚上也要開工到凌晨，這也是她搬到公司附近的原因之一。話說她搬入新單位一個星期，事事都十分順利，直到某個星期六的晚上，她開工至凌晨一時多才回到家，一入門口就準備去洗澡，就在她走入浴室的同時，門鐘忽然響起，由於洗手間和大門十分近，她一轉身就望向防盜眼，並問道：「邊個呀？」門外空無一人，亦無人回應，她於是繼續去沖涼，也不太上心。

問題是自此之後，每天晚上大約凌晨一時半左右，門鐘就會自動響起，她也曾打開門隔着鐵閘觀看走廊，的的確確並沒有人。

女鬼撳鐘敲門

她懷疑是門鐘出問題，於是就拆了門鐘的電池，心想這樣無論如何都不會再響了吧？那知之後一晚開始，每晚同一時間，就有人敲鐵閘，這次阿May不敢再開門觀看，就當甚麼也聽不到就算。

大約一個月後，阿May因為工作關係，要與一位不知是茅山或是六壬的法科師傅見面，傾談間，這位師傅突然臉色凝重的說：「你屋企大門口外面，有個『女人』晚晚想入屋，但似乎間屋有人做咗啲嘢，入唔到去。」阿May大吃一驚之餘，就說出晚晚有人撳鐘敲門的事，師傅屈指一算後，就說應該無問題，不過既然只是租的話，宜盡快搬出。

入住前出意外

阿May當時只是住了半年左右，要搬走的話有可能要蝕按金，但她又真的很害怕，無奈之下只好向地產經紀查詢，想找業主商量。經紀當然問她出了甚麼問題，年輕人畢竟老實，和盤托出前因後果，就連師傅講的話都覆述了。經紀聽完之後十分冷靜，但也是臉色一沉，竟然說會幫她搞掂，甚至即時幫她找另一個單位，還讓她分期付佣金，阿May於是在短短一、兩日之內搬了去另一座的單位。

最後經紀不知用甚麼方法，順利幫阿May解決按金上期的問題，業主亦沒有追討租約期餘下的租金。直到差不多兩年後，阿May再找這位經紀揾屋，她才夠膽問當時間屋有甚麼問題？

原來這個單位，本來是業主新買來給女兒居住的，那知就在入住前，女兒就在外地因車禍意外身亡，根本從來沒有入住過，所以後來就放租。在阿May之前曾經有一對情侶入住，第一晚就見到一個年輕女鬼從門口穿牆而入，站在窗前一動不動。情侶嚇到即時衝落樓退租，業主於是找師傅封屋，再之後就租了給阿May。

村屋打麻雀撞鬼
發財屋有鬼都唔搬

話說九十年代中後期，電腦手機等仍未普及，不少藝人明星最喜歡的活動就是聚在一起開枱打麻雀，打得興起時更可以連打三日三夜不停。

當年有一對新婚年輕藝人，二人都是一線明星，剛剛結婚還未生小朋友，家住西貢一幢三層村屋豪宅，附近環境清幽，民居不多，正正就是一眾明星打麻雀的聚腳好地方。

離奇怪影

話說某一晚，四人正在大戰四方城，包括女屋主在內，四人都是那些年的當紅女星，正當眾人打得熱火朝天之際，其中一位女星坐的位置正好對正走廊，不經意抬頭一望，見到一個身形瘦削的男性背影，向着走廊盡頭行過去，她以為是男主人出房去洗手間，正想打招呼之際，忽然想起這個背影與男主人似乎不太相似，於是就問女屋主，家中還有其他人嗎？女屋主正是金睛火眼望實麻雀枱，頭也不抬就說，家中就得我們四個，男主人昨日開工拍戲，到現在還未收工，當時家中也沒有請工人。

急急走人

見到男人背影的女星心知不妙，轉頭再望向走廊，竟然見到那個男性背影，正正站在走廊中間一動不動，更疑似想回頭看的感覺。女星大驚之下，又不敢大聲叫，只好臉色發青地急急停戰，自稱肚子非常不適，要回家解決。

其他三人初時仍未感到不妥，女主人甚至說，可以使用她家位在走廊盡頭的洗手間。撞鬼女星當然不願，只好不斷打眼色，叫其餘三人望向走廊。這時另外兩位女星似乎也明白其暗示，開始配合見到鬼的女星，也說時間很晚了，大家也開始累，算是草草收場。

三人急急腳落樓駕車離開，也不敢告訴女屋主。慶幸的是，女屋主當時甚麼也見不到，後來也沒有在屋中遇上靈異事件。

鬼屋旺財

事隔幾年，該對藝人夫婦生兒育女後搬離該村屋，其餘幾人才敢告訴他們當晚發生何事。

怎料原來該名男藝人一早知道那間屋有鬼，只是搬入去住之後事業發展極佳，所以不願搬走，男主人有時深夜收工回家，也會見到走廊盡頭有一個半透明的男人站在窗前，只是多年來都沒有理會。

元朗廢校 陰風吹過女鬼開聲

元朗的達德學校，廢校多年，但名氣卻十分響亮，皆因歷年來鬧鬼傳聞不斷，甚至被國家地理頻道列為亞洲十大恐怖地點。

學校早在一九九八年已經停辦，至今荒廢了二十多年。最著名的傳說，是據說早年有一名女教師，在校內某層樓的某個女廁內吊頸自殺身亡，後來便傳出這個廁所常有女鬼出沒。雖然曾有調查、街坊以至學校舊生稱，根本從來沒有發生過這樣的自殺案，但傳聞始終從未平息。

黑影滿場

近年，達德學校常常被用作拍攝場地，不少電影、網劇、音樂MV，都在這間面積頗大的廢校內拍攝。話說幾年前，有一隊攝影隊有此取景拍攝MV，本來拍攝時間是早上至下午，陽光普照事事順利，但最後要執拾器材的工作人員，無奈要做到最後，天黑了還未可以離開。當時有一件重要的燈光器材，放在廢棄禮堂的正中央，工作人員近乎摸黑地走進去，準備把器材搬上手推車運走，正在忙碌之際，他忽然感到一陣陰寒氣息飄過，工作人員當然聽聞過學校的傳聞，唯有保持鎮定，頭也不回眼不亂望，繼續搬動器材，突然右耳邊傳來一把嬌俏的女人聲：「哥哥仔，你搬乜嘢呀？」

工作人員當場嚇得飛奔離開，到操場處其他工作人員的集合地點，才敢回頭一望，竟然見到禮堂內似有還無地，有一堆黑影站着，每個人都望向工作人員所在的位置。最後，該件器材就暫留禮堂內，至第二天有陽光時，工作人員才敢回去搬走。

塘福猛鬼足球場 鬼仔叫俾番個波佢

塘福，是不少香港人的回憶之地，年過三十的人，總有機會到過這個地方租度假屋宿營。這個地方，更是八、九十年代年輕人之間的其中一個著名鬧鬼勝地。某年夏天，就有一班年輕人在租住度假屋期間，晚上到附近的塘福海灘嬉戲時，遇上靈異怪事。

食正波餅

那個年代的塘福海灘，是宿營年輕人的玩樂天堂，在通往海灘的小徑旁，有一大片草地，有兩個龍門，估計曾經是一個足球場。當他們行經該處時，在月色下見到數個小童在大草地上踢足球，他們也不以為意。其中一人被一個不知從何而來的足球從後射中，然後足球掉落地上。其中一個小童向他們說：「哥哥，對唔住，麻煩你俾番個波我！」那個被「省」中的年輕人卻是十分怒火，說：「好呀！俾你囉！」順勢使勁把那個足球踢向相反方向的草叢中，之後眾人就返回他們租住的度假屋休息，沒有再理會那些小童。

午夜，那個踢走足球的年輕人和他的朋友全都熟睡，但他在朦朧間感到衣角被拉扯，耳邊又有人在低聲說：「哥哥，俾番個波我！」他以為是朋友在作弄他，並不理會。然而耳邊那聲音並未停止，他便大聲說：「唔好再玩喇！」結果他的朋友全被他吵醒了。開燈後，大家揉著眼睛問他發生了甚麼事時，他才意識到先前大家都在熟睡，並沒有人作弄他。直至天亮，他們即跑到草叢找回那個殘舊的足球，並放回草地的龍門架旁，之後立即離開塘福。

地產經紀 沙田第一城撞鬼實錄

沙田第一城歷年來發生過很多案件，凶殺、自殺、跳樓事件何其多，不過就算有凶宅，也不一定會有靈異事件，凶宅和鬼屋可以是完全無關。不過，以下是一單多年前，發生在一位第一城地產經紀身上的靈異經歷，這位經紀遇上的既是凶宅也是鬼屋，而他至今時今日，仍然在該區工作。

© Liudukwei S. WIKIMEDIA COMMONS

夫妻客睇樓

話說早年一個新入行地產經紀，某日接到一對夫妻客，到某座高層一個大單位睇樓，一行三人去到該單位門口時，經紀用鎖匙無法開門，但這個明明是「吉屋」鎖匙盤，他情急下嘗試按門鈴，竟然真的有男人開門，一看屋內住有一家三口，傢俬整齊，男人卻聲稱沒有放售單位。新仔經紀懷疑自己去錯座數或樓層，於是連忙道歉離開。

心有不甘的他送客後，多次核對地址，發現並沒有去錯地方，由於經紀本身亦在該區長大，對環境頗為熟悉，當時亦未有想到任何靈異事，於是就自己一個人再上單位查看。

明明是同一單位，這次他就順利開門進入，更是一間「吉屋」。新仔心知不妙，即時離開，事後他翻查記錄，知道該單位早前有一家三口自殺，是出名的凶宅，新仔明明知道此事，但去睇樓時不知何故，就是記不起來。而故事其實還未完結。

消失的夫妻

一年多後，又有一對夫妻到地產舖要求睇樓，兩人竟然又選中這個仍然未賣出的凶宅單位。經紀為求生意，無奈地又與該對夫妻去睇樓。其實這一年多以來，他已盡量避免到該座，所以當他們一行三人進入大廈時，看更竟然為他開門及打招呼，就令經紀感到十分奇怪。

去到該樓層時，經紀順利開門，正當他開心地準備介紹單位時，回頭一望，睇樓的夫婦竟然不見踪影，他立即出走廊尋人，卻發現完全無影無踪。

經紀落樓問看更，該對夫妻是否已自行離開，看更卻說並未見到他們，反而爆出一句驚心動魄的說話：「那對夫妻不就是業主嗎？我之前離職了，現在又回來做，都有一年多沒見過他們了，我剛才還與他們兩人打招呼啊！」

落街放狗 撞正滿山靈體出動

海防博物館，是香港其中一個傳說中的猛鬼地，不過向來討論較少，除了在開幕頭一、兩年，曾經傳出上報紙的鬧鬼傳聞外，其他故事不算多。

不過，海防博物館入黑後可謂生人勿近，筲箕灣街坊每到天黑後都不會前往，住在東大街的人更是絕對不會走到這處海邊。

開幕鬧鬼

海防博物館分為多個部分，堡壘和炮台大約在一八八七年便已建成，海邊山腳洞穴內的魚雷發射站，則在一八九四年建成。建築本來是軍事用途，所以整個山頭都有不少暗巷密室，地型頗為複雜，更有營房、彈藥庫、炮彈裝配室和煤倉等設施。於一九九三年開始重修，二千年正式成為博物館。

開幕的第一年，海防博物館就因為鬧鬼而上報紙。話說在開幕前夕，有夜更當值的保安員，打電話上電台的鬼古節目，聲稱於海防博物館內撞鬼。據說他第一天上班，傍晚六時開始天黑，他就在館內遇上一個長髮及腰、容貌不清的半身人形物體在半空飄浮，他即時嚇得辭工不做。

又有另一位保安員稱，夜間獨自巡經博物館的「布雷房」和碉堡時，不時會聽見女性的尖叫聲，更在他的耳邊低聲說話。

有說海防博物館正因為猛鬼，所以成為香港唯一一間，天黑後即關門的博物館。

滿山白影

阿玉在二零零八年左右搬到筲箕灣東大街居住，由於工作地點就在附近，所以日常生活出入都在這一帶，養狗的她每晚都會落街放狗。她居住的大廈就在東大街最近海邊的位置，放狗時她習慣過馬路，走到海邊避風塘位置，後來甚至會行遠一點，到海防博物館門前一帶。

某個夜晚十一時，阿玉又落樓放狗，直接就向海防博物館出發，過程並沒有任何特別，直到阿玉行到海防博物館門前，抬頭一望，本來見慣見熟的一座山，竟然有大量白影站立！

阿玉初時以為自己眼花，再瞪大眼望清楚，竟然見到山上的白影，全部一齊從山上「飄」落，就似是搭電梯一樣，齊齊向着阿玉的方向，亦即博物館的正門而來。

阿玉當即抱起愛犬，急急跑回東大街，也不敢回家，於是走到東大街街頭的一間二十四小時營業茶餐廳坐到天光。

後來她與一位由細到大，居於東大街的同事講起這件事，同事就提醒她以後夜晚，都不要去海防博物館的海邊，放狗可以行遠一點，出海邊向西灣河方向走，皆因筲箕灣街坊都不會在晚上走出船廠一帶，更別說去到海防博物館。

廣播道豪宅 上門補習撞到正

這是一個發生在廣播道的的鬼故事，發生地點卻不是電視台或電台，而是廣播道上一幢老牌豪宅的某單位。

低層豪宅

廣播道五台山，曾幾何時有多間香港電視台和電台設在這個小山丘上，此外亦是一個豪宅區，區內不少老牌住宅大樓，曾經是不少大明星的居所。

當中就有一位星二代，自小居於廣播道上的一間鬼屋。話說這位星二代的居所，位在香港電台的正對面，該大廈為一老牌豪宅，單位面積實用之餘亦十分開揚光猛，只是位處低層，車聲入屋，但習慣了也就好。

這位星二代從小時候開始，每當家中只有自己一個人的時候，就會感到渾身不對勁，總覺得有人從後經過，或者站在旁邊，可是一回頭卻甚麼都看不見。這個單位由他父母結婚就開始住，一直都沒有甚麼怪事發生，星二代亦未有親眼見到任何怪事。

補習老師

直到星二代十多歲時，時值九十年代初，他正準備應付會考，父母為他請了一位補習老師上門補習。某個初夏黃昏，補習老師和星二代在飯廳補習時，老師突然說：「你有妹妹或姐姐的嗎？剛才我見到走廊盡頭的房內，有位紅衣女子走過。」

星二代當然沒有姐妹，而當時家中亦只得補習老師和自己兩人，聽完後星二代不知如何回答，只好扮鎮定繼續補習。老師離開前，更說剛才那位女子對他笑了一笑，請星二代幫他向對方打個招呼。

最後，星二代借故送老師落樓，在樓下等父親收工才敢一起回家。大半年後，星二代往外國留學，之後都未有再入住這個單位。

不過，其父母至今仍然居於上址，每次回去吃飯，星二代還是會感到有其他人在屋內徘徊，至今已經過了二、三十年。

海邊吹風 九龍城碼頭遇無頭女鬼

香港地方雖細，但各種奇聞異事絕對不少。這是一個從行家口中聽來的一則靈異事件：大約在十多年前，有人向報館報料，聲稱在九龍城碼頭遇上一隻無頭女鬼，後來甚至有多人同時目擊。

凌晨散心

話說大約在二零零九年夏天，某報館收到一個報料電話，一名男子聲稱在九龍城碼頭，親眼見到一隻無頭女鬼，於凌晨兩點左右在碼頭邊出現。該名男子聲稱，他因受感情問題困擾，所以在凌晨時份，走到九龍城碼頭吹海風。

第一、二晚都沒有甚麼事情發生，直到第三晚凌晨兩點左右，他的眼前突然憑空出現一個女性的身影，坐在碼頭旁的石躉上，當他再定神看清楚，才驚覺這名女子竟然沒有頭，就只有身體和四肢，稍稍前傾地坐在碼頭邊！

這名男子還算大膽，遇上如此情況，仍然向前行了兩步，想再看清楚一點，確認眼前確實有一個無頭的女子身影後，他嚇得即時調頭跑去，完全不敢回頭再看一眼。

集體撞鬼

收到這名男子的報料後，報館初時無人理會，直到一名自細在該區長大的記者，無意間從採主口中得知這件事，於是自告奮勇跟一名攝影師，相約報料男子出發採訪，如果真的影到無頭女鬼，也可算是一件大新聞。

當時三人在大約凌晨一點左右，在九龍城碼頭會合，三人無聊坐在一旁吹水，人多了，也就不太害怕。至凌晨兩點，在毫無先兆之下，三人同時見到碼頭邊的石躉上，突然出現一個女人身影。

該名記者事後回憶稱，那一刻除了見到女子外，更感到全身奇寒刺骨，就似氣溫急跌十度一樣，攝影師在同一時刻亦見到異狀，呆了半秒之後就舉機拍攝，閃光燈一閃之後，那個突然出現的身影就消失不見，氣溫亦變回正常的夏天感覺。

無法報導

三人回過神來，互望一眼，心有靈犀地齊齊起身離開，直到再看不見碼頭，才停下來說話。原來三人都親眼見到無頭女鬼，攝影師亦打開相機看剛才拍攝到的相片，只見相中除了碼頭環境，就只見到一團黑影，無論如何都無法看清是甚麼。

這樣一張相當然無法交差，也不可能報導出來，但從此三人都盡可能避免到九龍城頭碼，更別說半夜三更去海邊吹海風了。

凶案關連

有行家認為，這單離奇的無頭女鬼現身事件，應該與一單發生在前一年的凶殺案有關，據說九龍城碼頭就是案件中其中一個關鍵地點。

原來在這件事發生的前一年，即二零零八年，香港發生了一單極為著名的凶案，一名年輕少女以援交方式搵快錢，不幸在一次交易中，被一名顧客殺害，繼而更被分屍，身體被棄置於各處，到最後連頭部也未能尋回。

據當年有份參與報導這單凶案的記者稱，九龍城碼頭是其中一個棄屍地，有人懷疑無頭女鬼，會不會就是在碼頭邊尋找自己的頭？當然最後都不會有答案。

跑馬地灶底藏屍凶宅

香港人多，凶宅也多，就連灶底藏屍案也有好幾單，六十年代跑馬地就有這樣一宗案件：一對印尼華僑母子被情夫謀殺後藏屍灶底，讓該單位成為香港最早期的凶宅之一。

謀殺碎屍

這宗發生於一九六七年的灶底藏屍，知名度不算高，數十年來相關的故事傳聞不多。事件被稱為黃泥涌灶底雙屍案，發生在跑馬地黃泥涌道某大廈十一樓，一對年輕印尼母子被殺害，兩人身體被斬為十四件，並用水泥埋在單位兩個灶底內。

藏屍八個月後，到一九六八年才被揭發。殺人兇手逃亡返回印尼，最後在當地被捕受審，判刑二十年。據當年報導指，該對母子遺體最後埋葬於和合石。幾年後，案件被邵氏改編為電影《灶底藏屍》。

五十年後

雖然案件曾經被改編為電影，但自此之後，有關該案件或該凶宅單位的故事仍然不多。直到幾年前，有跑馬地地產經紀帶客上了該單位睇樓後遇上怪事，才再被重提。

該單位有五十多年歷史，面積有近千呎面積，兼位處跑馬地，即使是凶宅也不乏睇樓客。地產經紀稱，事件大約發生在二零一零年前後，當時她並不知道該單位曾經發生凶案，就帶了一個女客人，於晚上八時多到該單位睇租盤，上樓時已感覺樓下看更眼光奇怪，上到單位後她們發現廚房佔地很廣，但裝修非常「懷舊」，就似是從六十年代至今，從來未裝修過一樣，如此屋況，租客當然未有簽約。

地產經紀也是第一次到這個單位，見到如此大的廚房時，衝口而出就說了一句：「咁大個廚房，瞓兩個人都得！」事後她身體不同部位開始出現瘀黑，幾個月後睇醫生驗身，更發現患上急性血癌，幸好醫治及時才救回一命。

其後她才知道，這個單位正是六十年代發生灶底藏屍的凶宅，「兩個人」的碎屍就正正藏在廚房。

女星童年回憶

近日無意間發現，一位香港女藝人原來在十多年前，曾經講出關於這間屋的一些靈異事，更發生在該地產經紀睇樓之前。

話說該女藝人從小就住跑馬地，年幼時常常隨父親去一位從澳門來港做生意的葡萄牙籍朋友居所打麻雀，她當年只記得該單位相對比跑馬地其他單位細，但就只有該葡萄牙籍男主人居住，因此十分適合成為雀局屋。在其小小心靈中，覺得這間屋不是大富人家的家，只是爸爸卻說這位屋主的生意原來做得非常大，非常有錢。

當時的她並不在意，直到十多年後，她去了外國讀書，有一年爸爸來探望，講起往事，才透露那位叔叔已經過身，並說出該單位的秘密。

廚房女人喊

原來葡萄牙籍叔叔早年來港只是打工仔一名，幾年後儲了一筆錢想買樓，剛好就有朋友介紹這個凶宅放盤，當時他雖知道單位背景，但作為一名「鬼佬」，他並不太怕，加上價錢非常實惠，把心一橫就決定入手，後來更從澳門接了太太和兒子來住，當然沒有告知他們實情。

不久後怪事開始發生，各種小物件會自動移位或消失，兒子常常發燒，最恐怖的是，每到半夜，廚房就會發出微細的女人喊聲！

有一晚，他終於按捺不住，一聽到女人喊聲就去廚房，竟然真的見到一個女人擁着一個小男孩在痛哭，他為人大膽，兼自覺沒有害人，於是大膽地問她想怎樣？

據說女鬼告訴了他實情和案發經過，叔叔雖然害怕但亦同情，於是就為兩母子於一間道觀內設了靈位供奉，又請道士到家中打齋超度。

成為發達屋

此後，叔叔一家就再也沒有遇上怪事，後來開始做生意，更是順風順水，生意越做越大，所以更加不願搬離這間發達屋。十多年後其妻和兒子返回葡萄牙，他就自己一個人繼續住，直到七十多歲時才安然離世。

女星爸爸後來更回憶說，在該單位內打麻雀十分好，就似冥冥中有安排，幾個人打牌總是輪流贏錢，十分公平，所以人人都喜歡到這間屋打麻雀。

超低價入手雙屍凶宅
與鬼夫妻同眠

能夠入手一間夢想屋，絕對是大部分香港人的畢生夢想。十多年前豪哥夫婦成功以超低價，買到全海景高層優質單位入住，想不到這竟然是一間超猛鬼雙屍凶宅，更與鬼夫妻同眠！

零三年買海景樓

香港買樓難，從來都不是這十年八載的事，能夠成功在樓市低潮時入手，肯定是幾生修來的福氣。豪哥夫妻都是公務員，早年一直居於政府宿舍，到零三年沙士後，眼見樓價大跌，一直心儀的一個新界西臨海屋苑，呎價跌至極低，於是決定睇樓入市。

兩人只睇了兩層，就已經選中一個廳房皆有無敵海景的三房單位，沙士後價錢實在太吸引，作為公務員又有穩定收入，當即決定入手，也沒有多查單位背景。

做足儀式都出事

豪哥從小家中拜神，入伙這種頭等大事，拜五角、安神位、安地主等樣樣做到足，但豪嫂卻是基督徒，雖然未有阻止豪哥搞儀式，但就全不參予，連香也沒有上一支。

怪事在入住一星期後開始，首先是家中常常無故出現奇怪聲響，明明兩夫妻在房，大廳就有腳步聲行來行去，有時廚房又會有洗碗聲音，但根本就沒有人在廚房，查看時卻是空空如也，既沒有人也沒有物件被移動。

一個月後，豪哥一晚通宵更，翌日早上八時回家，一入門口竟見全屋被大搗亂，碗碟和酒杯都破碎，最離譜的是連電視機也「爆芒」，他即時懷疑被賊人「爆格」，急急入房找太太，竟見豪嫂熟睡如泥，清醒後對屋中發生的事一無所知，而大門卻完全沒有任何被破壞的情況。豪哥這時開始懷疑家中有異。

老婆發神經撞牆

幾日後晚上十一時左右，兩人在家，豪嫂先行入房，豪哥繼續在廳睇波。約半個小時後，豪哥忽然聽到有人敲牆，一下一下「嘭嘭」聲從睡房傳出，不似用手敲的聲音，豪哥入房一看，竟然見到豪嫂跪在床上，以頭向牆一下一下的撞，就似是向牆叩頭一樣。

豪哥嚇得非同小可，急忙強行拉着太太，可是豪嫂竟然完全不動，繼續一下一下的撞牆。這時豪哥靈光一閃，對着床和牆不斷說對不起，有甚麼得罪的請勿見怪，有甚麼需要，只要做得到的都一定幫忙。

一講完，豪嫂就即時暈低，豪哥即一手抱起太太，衝落樓上車去住酒店。豪哥事後回想，說當時嚇到連大門及鐵閘都沒有關，但第二天下午回去時，卻發現門和鐵閘都有「人」好好關上。

兩對夫妻同床瞓

兩日後豪哥找法科師傅上門幫忙，師傅徒弟本就有陰陽眼，他告訴豪哥屋中住有一對夫妻靈體，有時會在屋中四圍「企」，但最多時間是睡在主人房的雙人床上，亦即豪哥夫婦一直與靈體夫妻一齊瞓，甚至是重疊在一起！

師傅與靈體溝通後，知悉他們是在屋內的主人房自殺身亡，師傅做了一場法事，又在家中進行清屋儀式，但豪哥始終是傳統人，得知這間屋曾發生過自殺事件後，也不想繼續居住，半年後又以極低價賣樓。

事後回想，豪哥夫妻買這個單位時的超低價，可能與沙士無關，凶宅本就便宜，只是豪哥以為正值樓市低迷，未有細心研究，就這樣中伏。

墳景屋苑怪事多 女鬼想坐順風車

香港不少屋苑單位都與墳場近在「幾」呎，我也曾在香港仔睇樓時，遇上一間一開窗就對正墳頭的單位，近到幾乎「觸手可及」，所以最後也未有選擇。究竟居住的單位，對正墳場是否必定會有靈異事件呢？以下就是一個墳場旁屋苑住戶的撞鬼事件。

深夜搭的士回家

這個位於荃灣的私人大型屋苑，與墳場極近距離，既然屋苑有這樣的「優勢」，所以在對正墳場的山坡上，都特別種了不少樹木，以求擋着這個全墳景，但就算如此，這個屋苑向來都有不少靈異傳說。

話說二十多年前，某晚深夜十一時左右，珊珊搭的士回荃灣這個大型屋苑的家，付完錢落車後，她轉身行向居住的樓宇電梯口，的士在這時一個大 U turn，準備回頭駛出屋苑。

這時珊珊突然發現，她遺留了一個購物紙袋在的士後座，於是回身揮手，並大叫司機停車，而這時的士亦正好倒轉駛回來，司機見到珊珊揮手，於是慢慢駛回她旁邊。

後座中長髮女鬼

這時珊珊就發覺，她剛才坐的車廂後座上，竟然坐了一個頭髮及肩的女子，只見她那刻面無表情，頭部少許下垂，並沒有望向前方。

這刻的士就停在珊珊身前，的士司機停車問她何事，珊珊轉頭望向司機，說自己遺下了一袋物品在後座，更說「不好意思阻你做生意，這麼快就接了下一個客人」。那知司機回答：「邊有客呀？剛剛 U turn 番轉頭咋喎！」

珊珊望向的士後坐，當然是甚麼人都沒有，她也不敢追問，取回物品後就立即回頭，返回大廈電梯大堂，急急腳衝入剛巧到達的電梯。當她轉身按掣之際，正好可以見到的士的背影，而剛剛的位置上，又見到一個中長髮女性的背影。

後來聽說，當日早上有一名女子從大廈「空中飛人」跳了下來，位置正好就是大廈的入口前，亦即是的士停下來的位置，不知女鬼是否想搭的士坐順風車離開。

© Rob Young, WIKIMEDIA COMMONS

太平山街豪宅區 鬼古話當年

上環一帶向來猛鬼，除了樓梯街，太平山街也是一條猛鬼街，稍為熟知香港歷史的話，就會知道這條街自香港開埠以來死人無數，從瘟疫到戰爭再到火災，太平山街從來不太平。

集體撞鬼

一九四八年七月七日，曾經有這樣的報紙報導，指太平山街發生了一宗集體鬧鬼傳說。報導稱七月六日晚上，因天氣炎熱，住在太平山街的居民都睡在街上。一名青年就說，睡到凌晨三時，聽到一陣怪叫聲，聲音十分尖銳響亮，所有人都被驚醒，之後很多人都看見街上有數百個人影，從普興坊卜公花園奔跑出來，直跑落荷里活道，青年當時嚇得面無人色，立即跑回屋內。

同一時間，有警察在荷里活道聽到有人大叫，跑到該處查看卻沒有發現，後來有說那是數十年前瘟疫期間死亡的亡靈現身，最後有人籌集了一些資金用作打齋超渡。

太平停屍街

早在一八四三年，太平山街已是上環華人聚居的地方，也是最窮的貧民區之一，早年發生過最少兩次瘟疫，街中的百姓廟就曾是用來停屍的義莊，到一八九四年香港爆發鼠疫，太平山街有很多人死亡，再到日據初期，不少被日軍所殺的屍體，都聚集在此再運往石澳亂葬，到日軍投降後，初期還是從大陸來港的貧民聚集區域，街上很多都是石屋、鐵皮屋，難以想像今時今日竟然是豪宅區。

半夜鬼拍門

強記的阿爺是二戰後從鄉下來港搵食的人，剛到香港時，就到太平山街一位同村兄弟的家借住，而所謂的家也不過是一間細細的半石屋半鐵皮屋，當時住了六、七個單身男子，在戰後不久的香港，這種情況相當普遍。

話說五十年代初一個冬天晚上，強記阿爺和另外兩個同村兄弟正在睡覺，其餘兄弟都去了酒樓開工，突然有人大力拍門，力度強勁兼快速，阿爺當時以為是兄弟收工回來，於是就走去開門，怎料門外空無一人，走出去左右望望，整條街亦沒有一人，不過剛才的拍門聲非常大，屋內幾個人都有聽到，無奈下關門再睡。一會兒之後，拍門聲又再響起，阿爺又再去開門，可是仍然空無一人，不久其他兄弟收工回家，就再沒有發生拍門事件。

這種情況每隔幾個月便再發生，強記阿爺和兄弟們後來都不再害怕，有人拍門時，甚至只會大聲鬧一句「咪嘈啦！」就算，皆因人窮就甚麼都不怕。

遇神秘馬姐

強記阿爺後來在這條街上住了大約五年多，之後就因為找到一份雜貨舖工作，才搬去九龍居住。而這五年中，阿爺不時都會遇上怪事。

話說阿爺當年常常會到中環的酒樓做廚房打雜，收工時間約為晚上十一時多，在那個年代的上環，這個鐘數通常都不會遇上甚麼行人，有時行到太平山街頭時，就會聽到一些嘈雜聲，但一步入街道，這些聲音就即時消失，整條街卻是人影全無。

可能阿爺陽氣較盛，住了幾年都未有親眼見到靈異事，但同屋住的幾位兄弟就多次聲稱，曾於晚上在太平山街見到一個馬姐在街上行走，欲追上前卻是無論如何都追不到，後來大家都知半夜收工，有可能會碰到這位只見背影的馬姐。

直到即將搬走前一個月，阿爺才終於見到不應見到的。這晚他也是十一時左右收工，行到太平山街時，突然就在眼前十呎左右，憑空出現一個馬姐，阿爺早就聽聞此事，但年輕氣盛，就是不信無法追上去，即時發力狂奔，打算從馬姐旁邊跑過，就可以回頭看到其真面目。

阿爺急奔之下，竟然真的成功越過馬姐，當時他心感高興，心想之後可以向同村兄弟們認叻，說自己追上馬姐更看到其樣子。阿爺一跑過馬姐就即時轉身回望，那刻眼前竟然空無一人，整條街就只有阿爺一個人！

阿爺雖然大膽，但遇上這種情況也嚇到心驚膽跳，急急腳回家大被蓋過頭，第二朝起身就去文武廟上香，搬走後也就幾十年未有再去太平山街。

唐樓得罪女鬼陀地

開口得罪人，可能會讓你人緣不佳，但若開口得罪鬼，後果可能更嚴重，若果得罪家中靈體，更要即時搵屋搬。以下是我近日聽到的真人真事靈異經歷。

唐樓怪聲

話說一對年輕夫妻，未結婚時已選擇居住唐樓同居，皆因唐樓面積實用，間格四正，雖然樓齡較舊，但只要室內裝修夠好，也就問題不大，更何況兩人年輕力壯，就算每日要行七、八層樓梯也可以，所以兩人幾年來都住在九龍區唐樓，一直生活愉快。

直到三年前兩人結婚生仔，為了要住近女方父母，方便照顧小朋友，他們才搬到荃灣區某唐樓低層，怪異事就由此起。

夫妻搬入時兒子尚未出生，正在懷孕的女方，已不時聽到廚房、廁所內，明明沒有人卻有水聲和腳步聲，當她告訴丈夫時，他即跑入廚房廁所查看，當然是甚麼人也沒有，聲音亦隨即消失。

微笑姐姐

作為老公，當然要保護妻兒，其實男方亦不時聽到這些怪聲，但他向來膽大，並不太害怕，也一直不把這些怪聲當一回事。奇怪的是，兒子出生後這些怪聲就突然消失，兩人忙於湊仔之時，亦慢慢忘記了這事。

一直平平安安無風無浪，直到兒子近兩歲時，開始常常自言自語，又會向着電視旁的一個櫃哈哈大笑，後來甚至會叫：「姐姐！姐姐！」男士心知不妙，問兒子叫誰，兒子竟然說家中有個姐姐，常常望着他笑，所以很開心。這位男士聽完即時發火，就在櫃前大講三字經，狂鬧：「咪Ｘ搞我個仔，有嘢就嚟搵我！」之後就抱起兒子走進睡房。

真身出現

兒子睡着後，男士亦上床休息，很快就進入夢鄉，並在夢中見到一個白衣女人，絕無半點笑意，表情不滿地站在床邊，極有惡意。

男士就算如何大膽，發這樣的一個夢也即時嚇醒，一望之下，房內一切正常，妻子亦在旁睡覺，但他心頭硬是感到不妥，於是起身想去看看兒子如何，那知一打開房門，竟然見到夢中那個白衣女人站在電視櫃旁，以同一個表情向他怒目而視！

這一刻，他嚇破膽大叫了一聲，沉睡中的妻子也被他嚇醒，就在一剎那間，白衣女子就在他眼前消失。

深知自己絕對不是眼花，第二日他即找師傅上門「研究」家中風水。那知師傅入屋後看了一眼，

問他層樓是租還是買，租的話建議即時搬走，買的話也應盡快賣出，因為「陀地」是對付不了的。

由於只是租住，一家三口就在幾日之內極速搬走。

那些年中秋夜石澳沙灘撞鬼

曾幾何時，一切如常的香港，每逢中秋節晚上，都是一家人團聚晚飯，繼而出街賞月的溫馨日子。較早期時，年輕人更可能會煲蠟玩火，之後就去燒烤或四處玩樂，而最常去的地方，除了維園之外，就是香港各處的沙灘。

石澳過節

石澳沙灘是一個燒烤勝地，以往每年中秋節晚上，都吸引大批男女老幼，前往賞月、燒烤、玩燈籠蠟燭過節。一位中學同學就曾在石澳沙灘過中秋時，遇上靈異怪事。

大約是九三、九四年，阿偉剛剛升中六，做暑期工時認識了一班年輕人，於中秋節晚上相約到石澳沙灘燒烤。阿偉一直是新界人，第一次在中秋節晚上去香港島沙灘玩，完全不熟路，於是就和朋友們在筲箕灣巴士總站集合，大約於晚上八時搭巴士入石澳。

當晚天朗氣清，是燒烤賞月的好時光，阿偉和朋友們在石澳沙灘最左邊的燒烤檔口玩得十分開心，直到晚上十一時後，阿偉坐在燒烤爐旁，迎面望向海的方向，而朋友們就圍在一起，有些人燒烤，有些人傾偈。海風吹來，感覺十分舒服。

白影揮手

這時阿偉突然見到，遠處有一個白影出現，當時他完全沒有意識到，那個白影是站在海中間。幾分鐘後，白影多了幾個，再過幾分鐘，白影越來越多，這時阿偉開始覺得奇怪，就指着那堆白影問身邊的朋友，是否見到那些人影？

朋友望了一望，就說「沒有人啊！那處是

海中間，怎會有人？」阿偉畢竟年輕，從未遇過這種事，也懷疑是朋友們作弄自已，於是繼續和朋友玩樂。

不知是否因為阿偉「指」着白影說話，從這一刻開始，阿偉發現白影繼續增多，就似有幾十人聚集，更齊齊向着阿偉這邊「行」過來，直到距離只有十多米處，更向着阿偉揮手，似是邀他過去一樣。由於燒烤場有大光燈，阿偉憑這點燈光，依稀看到其中幾個白影的樣子，有男有女，但非常蒼白。

阿姐救命

阿偉不知為何，那刻突然感到神智不清，準備起身走往那些白色人影之處，當他站起身行了三步，就被一隻手拉着，原來是一位燒烤場工作的阿姐捉住了他，並把他帶往沙灘外一間村屋士多坐下休息。

這時阿偉終於清醒過來，朋友們也都感到不妥，阿姐就叫他們一行人盡快離開，原來阿姐是石澳原居民，常常都見到那些白影，知道來者不善，所以出手拉着阿偉，否則他可能已經出事。

百鬼夜談

作者　梁文威

出版日期　2023 年 6 月
國際書號　978-962-348-532-6
建議售價　$100

營運總監　梁子文
出版統籌　何珊楠
封面設計 / 美術　Gladys

出版　星島出版有限公司
地址　香港新界將軍澳工業邨駿昌街 7 號
電話　2798 2579
電郵　publication@singtaonewscorp.com
網址　www.singtaobooks.com

發行　泛華發行代理有限公司
電郵　gccd@singtaonewscorp.com
網址　www.gccd.com.hk
Facebook　www.facebook.com/gccd.com.hk/

承印　嘉昱有限公司